FALKEN-BIOTHEK

FALKEN BÜCHEREI

FALKEN-BIOTHEK

Maren Bustorf-Hirsch

Haltbarmachen in der Öko-Küche

Gesunde Konservierungsmethoden für Obst, Gemüse, Kräuter und Pilze

FALKEN VERLAG

In der Falken-Biothek-Reihe sind u. a. erschienen:
»Obst und Beeren im Biogarten« (Nr. 0780)
»Gemüse im Biogarten« (Nr. 0830)

CIP-Titelaufnahme der Deutschen Bibliothek

Bustorf-Hirsch, Maren:
Haltbarmachen in der Öko-Küche: gesunde Konservierungsmethoden für Obst, Gemüse, Kräuter u. Pilze /
Maren Bustorf-Hirsch. – Niedernhausen/Ts.: Falken-Verl., 1988
  (Falken-Bücherei)
  ISBN 3-8068-0923-2

ISBN 3 8068 0923 2

© 1988 by Falken-Verlag GmbH, 6272 Niedernhausen/Ts.
Titelbild: TLC-Foto-Studio GmbH, Bocholt
Fotos: Archiv, S. 54; Bauknecht Haushaltsgeräte GmbH, Stuttgart S. 11; Fotostudio Eberle, Schwäbisch Gemünd S. 31, 32, 33, 34, 35, 38, 41, 43, 45, 53; Atelier Gabriel, Wiesbaden-Naurod S. 27; Friedrich Jantzen, Arolsen S. 28; alle übrigen Fotos: TLC-Foto-Studio GmbH, Bocholt
Zeichnungen: Atelier Gabriel, Wiesbaden-Naurod S. 9, 20, 24; alle übrigen Zeichnungen: Beatrice Hintermaier, Glonn
Die Ratschläge in diesem Buch sind von Autor und Verlag sorgfältig erwogen und geprüft, dennoch kann eine Garantie nicht übernommen werden. Eine Haftung des Autors bzw. des Verlages und seiner Beauftragten für Personen-, Sach- und Vermögensschäden ist ausgeschlossen.
Satz: LibroSatz, Kriftel bei Frankfurt
Druck: Karl Neef, Wittingen

Inhalt

Vorwort 8

Das Lagern 12
Der trockene, luftige Lagerraum 12
Der Keller als Lagerraum 12
Lagermöglichkeiten außerhalb des
   Hauses 16
   Die Erdmiete 17
   Lagerung im Garten 18
Was tut man ohne Garten und
   Lagerräume? 18
Wie lagert man was? 19
   Gemüse lagern 19
   Obst lagern 26
   Einige lagefähige Apfel-
      und Birnensorten 28
   Nüsse lagern 28
   Getreide lagern 29

Das Trocknen 30
Welche Vorteile bietet das Trocknen? 30
Wie wird getrocknet? 32
Die Dauer des Trockenvorganges 35
Aufbewahrung der getrockneten
   Produkte 35
Die Verwendung getrockneter
   Produkte 36
   Das Obst 36
   Das Gemüse 37

Wie wird was getrocknet? 38
   Obst trocknen 38
   Gemüse trocknen und dörren 41
   Pilze trocknen 43
   Kräuter trocknen 44
Rezepte 46

Die Milchsäuregärung 52
Milchsäurebakterien 52
Der gesundheitliche Wert von milchsaurem
   Gemüse 54
Was passiert bei der Milchsäuregärung? 55
Welches Gemüse kann man milchsauer
   einlegen? 56
Gärgefäße 57
   Gärtöpfe 57
   Schraubgläser 57
Die Praxis der Milchsäuregärung 58
   Tips und Tricks 59
Kann bei der Gärung etwas
   schiefgehen? 59
Hilfsmittel für die Milchsäuregärung 59
   Molke 60
   Gärflüssigkeit 60

Sauergemüseferment 60
Brottrunk 60
Milchsaures Gemüse in der Küche 61
Rezepte 61

Das Einlegen 64

Einlegen in Essig 64
Die Herstellung von Essig 66
Essig selbst herstellen 67
   Gewürzessige 67
Rezepte 68
Wie legt man in Essig ein? 70
   Tips und Tricks 71
Chutney, Ketchup, Relish 71
Rezepte 72
Einlegen in Salz 76
Einlegen in Alkohol 77
Einlegen in Öl 78
   Gewürzöle 78
   Kräuter in Öl 78
   Rezepte 79

Säfte 80

Auf kaltem Wege entsaften 82
   Die Tuchmethode 82
   Der elektrische Entsafter 82
   Handbetriebene Saftpressen,
     Korbpressen, Mostereien 83
Kaltgepreßte Säfte haltbar machen 83
Mit dem Dampfentsafter entsaften 83
Die Praxis des Dampfentsaftens 84
   Tips und Tricks 85
Rezepte 88

Haltbarmachen durch Hitzeeinwirkung 90

Das Einmachen 90
   Geräte 90

Vorbereitung für das Einmachen 92
Gläser füllen und verschließen 92
Gläser abkühlen lassen 93
Das Aufbewahren 93
Die Praxis des Heißeinfüllens 94
   Tips und Tricks 95
Die Praxis des Sterilisierens 96
Rezepte 98

Marmeladen, Konfitüren und Gelees 100

Roh gerührte Marmeladen 102
Marmeladen aus getrockneten
   Früchten 102
Gekochte Marmeladen, Konfitüren und
   Gelees 103
Obstmus 103
   Tips und Tricks 104
Rezepte 106

Das Tiefkühlen 110

Tabellen 112

Was gibt es wann? 112
Abc des Konservierens 114

Bezugsquellen 119

Register 120

Vorwort

Das ganze Jahr über versorgen uns Lebensmittelgeschäfte und Märkte mit reichlich frischem Obst und Gemüse vom Freiland, aus Treibhäusern und aus Übersee. Sollte einmal etwas nicht vorhanden sein, so können wir auch nach Herzenslust tiefgekühltes, eingelegtes und Dosenobst und -gemüse kaufen. Eine Konservierung im Haushalt ist also eigentlich nicht nötig. Oft wäre sie bei kleinen Wohnungen mit unzureichenden Lagermöglichkeiten im Keller auch gar nicht möglich. Lohnt sie sich überhaupt?

Angesichts großer Butterberge, viel zu viel Milchpulver, riesiger Konserven- und Tiefkühllager und enormer Getreidevorräte können wir uns heute kaum noch vorstellen, daß in früheren Zeiten in unseren Breiten nur eine gute Vorratshaltung ein Überleben sicherte. Allein mit den Ernteüberschüssen des Sommers und Herbstes, die auf natürliche Weise konserviert wurden, mußte nämlich die Vegetationspause im Winter überbrückt werden, ohne Importe und Gewächshauskulturen und ohne die vielen technischen und chemischen Hilfsmittel der Industrie.

Von den heute üblichen Eßgewohnheiten aus gesehen, mag manchem vielleicht die damalige Kost zunächst als fad, langweilig oder einseitig erscheinen (daß sie das aber keineswegs ist, erfahren Sie unter anderem auch durch die Rezepte in diesem Buch). Unbestritten ist jedoch, daß eine solche Ernährungsweise weitaus mehr als die heute übliche Zivilisationskost den Forderungen entspricht, die an eine gesunde Ernährung gestellt werden. Die enorme Zunahme von sogenannten Zivilisationskrankheiten und die vielen Meldungen über Schadstoffe jeder Art in unserer Nahrung sind nicht zuletzt auch ein Zeichen dafür, daß die Nahrungsqualität heutzutage zu wünschen übrigläßt.

Eine Schlüsselrolle für die Nahrungsqualität spielen – sowohl vom Geschmack als auch vom gesundheitlichen Standpunkt aus betrachtet – die »Frische« und die Naturbelassenheit der Lebensmittel.

Ein Salat schmeckt besser, je frischer er ist. Erdbeeren schmecken am besten, wenn sie frisch gepflückt und dabei voll ausgereift sind, und nicht, wenn sie, bereits unreif geerntet, einige hundert Kilometer Transportweg hinter sich haben und auch noch lange gelagert wurden. Dabei schwindet nicht nur der Geschmack, sondern auch der gesundheitliche Wert, weil viele Vitamine und sonstige wertvolle Inhaltsstoffe verlorengehen.

»Frisch« sind Obst und Gemüse strenggenommen nur bis zum Erntezeitpunkt. Danach unterliegen sie Abbauprozessen, die schließlich zum Verderben führen. Die Zeitspanne ist dabei von Obst zu Obst und von Gemüse zu Gemüse unterschiedlich lang und außerdem abhängig von Wärme, Licht, Sauerstoff und Feuchtigkeit der Umgebung sowie von zahlreichen Enzymen, Bakterien und Pilzen.

Das Ziel des Haltbarmachens ist es daher, diese Abbauprozesse soweit wie möglich hinauszuzögern, die »Frische« zu erhalten, denn letztendlich bedeutet konservieren ja nichts anderes als »das Ursprüngliche bewahren«.

Wenn wir also sowohl für unseren Geschmack als auch für unsere Gesundheit alles so natürlich wie möglich belassen wollen, wäre die beste Vorratshaltung sicherlich diejenige, bei der nichts konserviert werden müßte. Dies ist nur ein scheinbarer Widerspruch und bedeutet im Grunde genommen nichts anderes, als daß wir im Winter zum Beispiel bei der Zusammenstellung unserer Mahlzeiten Gemüsesorten, die einige Frostgrade vertragen (Chinakohl, Endivien, Brokkoli usw.), und winterhartes Freilandgemüse und Salate (Rosenkohl, Grünkohl, Lauch, Feldsalat, Portulak usw.) bevorzugen sollten. Auf der Fensterbank könnte man zusätzlich vielleicht einige frische Kräuter ziehen und durch das Herstellen von Sprossen und Keimen selber schmackhafte Frischkost ernten. Aber auch unter den Konservierungsarten ergibt sich sehr schnell eine Rangfolge, wenn die Nahrung möglichst naturbelassen bleiben soll.

Diejenige, die Obst und Gemüse wenig verändert, ist die Lagerung im kühlen Keller. Das Trocknen von Früchten, Gemüse und Kräutern entzieht ihnen in erster Linie Wasser, schädigt ihre wertvollen Inhaltsstoffe durch die niedrigen Temperaturen aber am geringsten. Auch bei der Milchsäuregärung bleibt das Gemüse »frisch«, es findet in gewissem Sinne sogar eine Veredelung statt, weil sich zusätzlich Vitamine und Enzyme bilden.

Durch alle anderen Konservierungsarten erleiden Obst und Gemüse jedoch mehr oder weniger starke Einbußen an Vitaminen, Mineralstoffen, Enzymen, Geschmacks- und Aromastoffen und haben sich damit schon sehr von ihrem ursprünglichen Zustand entfernt.

Alle industriellen Konservierungen stehen dabei an letzter Stelle: meist werden bei diesen Verfahren mehrere Konservierungsarten parallel angewandt und chemische Konservierungsstoffe oder sonstige Hilfsmittel verwendet, um die Haltbarkeit der einzelnen Nahrungsmittel für eine sehr lange Zeit zu garantieren.

Selbst wenn man alle Konservierungsarten berücksichtigt, muß man zugeben, daß es für die Vorratshaltung kein Patentrezept gibt. Es gibt nicht die ideale Konservierungsmethode: eine Erdbeere muß anders behandelt werden als ein Apfel, ein Weißkohl anders als Spinat. Hinzu kommt noch, daß der eine für selbsthergestellte Mixed Pickles schwärmt und der andere meint, ohne Marmelade nicht leben zu können.

So habe ich versucht, sowohl den verschiedenen Früchten und Gemüsearten als auch den verschiedenen »Geschmäckern« gerecht zu werden.

Aus eigener Erfahrung kann ich jedoch bestätigen, daß man sich und seine Familie sehr gut nach den oben erwähnten Grundsätzen ernähren kann. Wir versorgen uns seit einigen Jahren selbst mit Obst, Gemüse und Kartoffeln, und zwar auch im Winter. Das klappte so nicht auf Anhieb, vieles mußte auspro-

Rosenkohl und Feldsalat gehören zu den winterharten Gemüsesorten.

biert und geschmacklich entwickelt werden. Auch ich kaufe noch ab und zu Bananen, Orangen, Aprikosen usw. (nie jedoch Gläser, Dosen oder Fertigprodukte), muß allerdings sagen, daß es immer weniger wird. Durch unsere eigenen Früchte sind wir sehr verwöhnt, denn der natürliche Geschmack und die Frische sind unübertroffen.

Nachgereiftes, makellos aussehendes Obst und Gemüse, Tiefkühlkost, eingedoste Früchte und Gemüse, pasteurisiertes Sauerkraut und geschwefelte Trockenfrüchte schmecken eben doch anders, sind nicht so aromatisch und enthalten bei weitem nicht so viele wertvolle Inhaltsstoffe wie gut ausgereiftes und ohne chemische Dünge- und Pflanzenschutzmittel gezogenes Obst und Gemüse, das auf natürliche Weise konserviert wurde.

Nun muß und kann aber nicht jeder zum Selbstversorger werden. Auch wer keinen Garten besitzt, hat unter Umständen die Möglichkeit, günstig und erntefrisch Obst und Gemüse bei einem Biobauern in größeren Mengen zu kaufen und zu konservieren. Auch wer den industriellen Einheitsgeschmack leid ist und die Zutaten für seine Vorräte selber aussuchen und zusammenstellen will, kann nach den Rezepten in diesem Buch »ohne Chemie« konservieren.

Alle, die mehr im Einklang mit der Natur und den Jahreszeiten leben möchten, weil sie unter anderem auch die hohen Energiekosten für Herstellung, Transport und Lagerung von Gewächshauskulturen und Importwaren und die damit verbundenen gesundheitlichen Nachteile umgehen wollen, finden viele Anregungen dafür in diesem Buch.

Letztendlich können wir unsere Ernährung auch nur in Zusammenhang mit der gesamten ökologischen Situation sehen, das heißt, daß wir schonend mit unserer Umwelt umgehen, nicht durch chemische Dünger und Pflanzenschutzmittel die Böden auslaugen und das biologische Gleichgewicht stören, gleichzeitig so wenig Energie wie möglich verbrauchen – auch beim Konservieren und bei der späteren Lagerung.

Konkret heißt das: Wenn wir unsere einheimischen Äpfel so lagern können, daß sie bis ins nächste Frühjahr hinein haltbar sind, ist es unsinnig, im Februar Äpfel aus Südamerika zu essen.

Oder: wenn man eine Apfelsorte lagern kann, braucht man diese Äpfel nicht zu Apfelkompott zu verarbeiten. Aus einer nicht lagerfähigen Apfelsorte macht man besser getrocknete Apfelschnitze als eingemachtes Apfelkompott. Oder wenn es durch geschickte Aussaaten möglich ist, Spinat vom zeitigen Frühjahr bis in den Herbst hinein direkt aus dem Freiland zu ernten, dann ist es doch eigentlich überflüssig, ihn einzufrieren. Oder muß man auch unbedingt im Dezember noch Spinat essen?

Die Beispiele ließen sich beliebig fortsetzen. So habe ich in diesem Buch vom Lagern, Trocknen, von der Milchsäuregärung über das Einlegen in Essig, Öl, Salz, Alkohol, der Saft- und Marmeladenherstellung bis zum Haltbarmachen durch Hitze- und Kälteeinwirkung alle Konservierungsarten auf ihre gesundheitlichen und ökologischen Vor- und Nachteile hin untersucht und zusammengestellt, gleichzeitig mich aber auch bemüht, Ihnen Tips, Tricks und Rezepte zu liefern, die Ihnen das Haltbarmachen im eigenen Haushalt so einfach und sicher machen, daß Sie Freude daran haben und daß es allen schmeckt.

Viel Spaß dabei und ein gutes Gelingen wünscht Ihnen

Ihre Maren Bustorf-Hirsch

Noch ein Hinweis zum Gebrauch des Buches: Sie finden im Anhang einige Tabellen, die Ihnen eine praktische Hilfe für die Vorratshaltung sein sollen. Dort erfahren Sie nämlich nicht nur den besten Erntezeitpunkt für das jeweilige Obst und Gemüse, sondern auch die optimale Konservierungsart. Natürlich sind auch alle anderen möglichen Konservierungsarten angegeben, denn letztendlich ist jede Konservierung ja auch eine Frage des ganz persönlichen Geschmacks.

Vorwort 11

Das Lagern

Für eine gesunde, vollwertige Ernährung ist es am besten, die Lebensmittel so aufzubewahren, daß ihr ursprünglicher Zustand beim Zeitpunkt der Ernte möglichst lange erhalten bleibt. Denn jede Be- und Verarbeitung sowie jede Konservierung bedeuten einen Eingriff in die natürliche Beschaffenheit und gehen meist Hand in Hand mit einer Wertminderung, das heißt, es treten in erster Linie Einbußen bei den Vitaminen, aber auch bei den Hauptnährstoffen und anderen wertvollen Inhaltsstoffen auf.

Einige Obst- und Gemüsearten sowie die Samen der Früchte verderben unter bestimmten Bedingungen nicht so schnell. Je nach Sorte, Lagerbedingungen und Art können sie so – ohne daß man sie konservieren muß – einige Wochen, Monate oder Jahre aufbewahrt werden.

Bedingt durch die unterschiedlichen Eigenschaften werden dabei auch ganz unterschiedliche Bedingungen an den Lagerraum gestellt.

Der trockene, luftige Lagerraum

Samen sind wohl die Pflanzenteile, die am längsten ohne eine Konservierung haltbar sind. Oft sind sie auch noch nach Jahren keimfähig, sie enthalten also noch alle ihre wichtigen Nährstoffe und Vitamine, allerdings nur, wenn sie richtig gelagert wurden. Bedingt durch ihren sehr niedrigen Wassergehalt mögen sie keine Feuchtigkeit, insbesondere nicht in Verbindung mit Wärme. Für die Lagerung benötigen sie deshalb einen trockenen, luftigen, nicht zu kalten Raum, etwa einen Speicher, eine Diele oder ein Zimmer mit ähnlichen Bedingungen.

Nicht umsonst bilden deshalb die natürlich konservierten Getreidesamen schon seit vielen Jahrhunderten den Hauptbestandteil der menschlichen Ernährung. Weitere eßbare und lange haltbare Samenfrüchte sind Nüsse, Ölfrüchte, Hülsenfrüchte und einige Samen wie Kresse und Rettich, die als Keime und Sprossen in der Ernährung Verwendung finden.

Der Keller als Lagerraum

Alle Wurzelgemüse und Kartoffeln lassen sich sehr gut aufbewahren. Sie finden natürlicherweise im Erdreich feuchte, kühle und dunkle Gegebenheiten vor und verderben auch dann nicht, wenn ihre oberirdischen Pflanzenteile schon längst abgestorben sind. Aus diesem Grunde ist auch ein Keller, der die unten erwähnten Bedingungen erfüllt, der ideale Lagerraum. Er sollte möglichst dunkel, nicht zu warm und nicht zu trocken sein.

In einem solchen Keller halten sich auch Kernobst, Kürbisse und Zucchini, die durch ihre feste Schale sozusagen einen natürlichen Verdunstungsschutz eingebaut haben, und manche Blattgemüse.

Ein Keller liegt normalerweise zu zwei Dritteln seiner Raumhöhe (oder auch tiefer) im Erdreich. Auch seine Fenster ragen nicht weit aus der Erde hervor, so daß wenig Sonnenlicht einfallen kann. Befindet er sich sogar an der Nordseite des Hauses, so ist er fast immer dämmrig. Ist dies nicht der Fall, kann man durch geeignete Pflanzen, die vor den Kellerfenstern wachsen, eine zusätzliche Beschattung erreichen.

Solch ein Keller sollte in modernen Häusern möglichst weit vom Heizungskeller entfernt liegen und unter Umständen gegen angrenzende wärmere Räume mit Naturmaterialien, wie Kork oder ähnlichem, isoliert werden. Seine ideale Raumtemperatur liegt zwischen 4 und 6°C, dabei stören eventuelle Schwankungen zwischen 2 und 10°C nicht. Frost und höhere Temperaturen sollte der Keller allerdings nicht bekommen, die Lagerqualität würde dadurch entscheidend beeinträchtigt.

Zwar sollte der Keller gut zu lüften sein, Zug-

Das Lagern

Das Lagern

Die ideale Luftfeuchtigkeit im Keller beträgt etwa 90%.

luft ist dabei allerdings unerwünscht. Insofern genügen Kippfenster oder Lüftungsklappen durchaus. Hierbei sollte man gleich auch an Mäuse denken, für die ein Lagerkeller ein Schlaraffenland ist. Ein engmaschiger Draht vor den Fenstern bietet einen ausreichenden Mäuseschutz.

Für die Lagerqualität Ihres Obstes und Gemüses ist allerdings das Raumklima noch wichtiger als die Temperatur. Dieses wird entscheidend vom Feuchtigkeitsgehalt der Luft im Kellerraum bestimmt.

Ist zum Beispiel der Keller sehr trocken, welkt Blattgemüse; Obst, Kartoffeln und Wurzelgemüse werden weich und schrumpeln ein. Ein Keller mit einem Naturboden aus gestampfter Erde, Lehm oder Ziegeln ist dagegen ideal. Diese Naturböden geben nämlich ständig Feuchtigkeit an die Luft ab, wenn es wärmer wird mehr, bei Kälte weniger, so daß die Verdunstungskälte ausgleichend wirkt.

Die ideale Luftfeuchtigkeit beträgt etwa gut 90%; 80% sollte sie nicht unterschreiten.

Die modernen Keller mit Betonböden haben meistens eine zu geringe Luftfeuchtigkeit. Ein Hygrometer gibt aber hier genaue Auskunft. Abhilfe kann man zum Beispiel dadurch schaffen, daß man einen Teil des Betonbodens aufbricht. Wer das nicht will oder nicht kann, könnte den Boden auch mit Ziegeln auslegen oder in einer Kellerecke Sand aufschichten. Beides, Sand und Ziegel, werden von Zeit zu Zeit mit Hilfe einer Gießkanne etwas befeuchtet. Sie geben diese Feuchtigkeit dann langsam an den Raum wieder ab, so daß sich die relative Luftfeuchtigkeit im Raum erhöht.

Etwas kompliziert wird eine solche Lagerung hauptsächlich dadurch, weil sich z. B. Obst und Gemüse bei einem gemeinsamen Aufbewahren gegenseitig ungünstig beeinflussen können. Optimal wäre es deshalb, wenn man verschiedene Kellerräume hätte: einen feuchten, kühlen, dunklen Keller für alles Wurzelgemüse und für Kartoffeln und einen frostfreien, feuchten, aber trotzdem kühlen Raum für alles Kernobst.

Da aber in den meisten Häusern wohl nur ein Kellerraum zur Verfügung steht, kann es sein, daß nicht jedes Obst und Gemüse die längstmögliche Lagerzeit erreicht. Wahrscheinlich löst Ihre eigne praktische Erfahrung dieses Problem am leichtesten.

Wie viele andere, so bringen auch wir unsere Vorräte mit nur einem einzigen Keller ganz gut durch den Winter und können sie bis ins Frühjahr hinein aufbewahren.

Trotz eines Naturbodens schichten wir allerdings unsere Wurzelgemüse nicht einfach auf den Boden, sondern lagern sie mit Sand in Holzkisten. Eine andere Möglichkeit wären auch Steinguttöpfe (nie Plastikgefäße).

Für die Lagerung bedecken wir den Boden einer jeden Kiste mit einer leicht feuchten Sandschicht und legen das Wurzelgemüse einzeln nebeneinander darauf. Diese Gemüseschicht wird dann mit Sand abgedeckt, die nächste Schicht wird daraufgelegt, wieder mit Sand abgedeckt und so weiter. Dabei wird selbstverständlich jedes Wurzelgemüse getrennt nach Sorten aufbewahrt, die einzelne Kiste beschriftet, so daß man ganz nach Bedarf und ohne langes Suchen das Gewünschte jederzeit aus der Kiste holen kann. Wenn man ab und zu die oberste Sandschicht leicht befeuchtet, hält sich das Wurzelgemüse auch in einem nicht ganz idealen Keller bis in das nächste Frühjahr hinein.

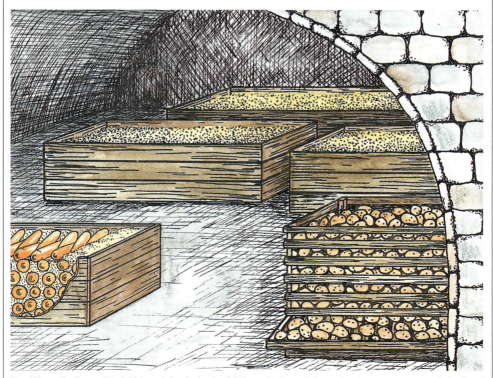

Der Wurzelkeller sollte kühl und dunkel sein. Möhren halten sich am besten, wenn man sie in Sand lagert.

Wir haben bei uns im Keller noch zusätzlich einige leere Kisten stehen, in die wir den Sand schaufeln, der beim Ausgraben des Wurzelgemüses anfällt. Diese Methode hat sich bewährt, denn so ist stets nur so viel Sand in den Kisten, wie zum Bedecken des Vorrats gebraucht wird.

Unsere Kartoffeln in der Kartoffelkiste schirmen wir durch eine Plastikfolie von den (zwar weit entfernt, aber dennoch im selben Raum lagernden) Äpfeln und Birnen ab und erhalten dadurch zusätzlich einen Verdunstungsschutz.

Ein großer Teil des Kernobstes lagert auf der anderen Seite des Kellers auf Apfelhorden. Nur die Sorten, die bis in das nächste Frühjahr hinein haltbar sind, verpacken wir in Kartons (siehe Seite 26/27).

Auf diese Weise gelingt es trotz unterschiedlicher Lagerbedingungen und zum Teil ungünstiger Beeinflussung von Wurzelgemüse und Obst, beide in einem Kellerraum aufzubewahren. Meist ist dann auch noch genügend Platz für Kohl und in Sand eingeschlagenes Blattgemüse sowie für alle Gärtöpfe, alles in Gläsern Eingelegte und für alle Säfte.

Lagermöglichkeiten außerhalb des Hauses

Ohne Zweifel ist ein Keller der bequemste Aufbewahrungsort. Er ist frostfrei, man braucht sich nicht um Schnee und schlechtes Wetter zu kümmern und kann jederzeit den nötigen Bedarf holen.

Wer aber einen zu warmen Keller hat, kann sein Wurzelgemüse, die Kartoffeln und das Obst auch in einem nicht ausgebauten Dachraum, in einer leerstehenden Garage oder in sonstigen Nebengebäuden lagern. Damit alles Eingelagerte auch da möglichst dunkel und ausreichend feucht steht, wird es zweckmäßigerweise in Behältern und Gefäßen (wie oben beschrieben) aufbewahrt. Bei einer solchen Lagerung ist allerdings die ständige Kontrolle der Raumtemperatur unbedingt nötig, damit Obst und Gemüse keinen Schaden erleiden.

Bei Temperaturen um plus 2°C sollten Sie deshalb den Raum oder die einzelnen Behälter mit Stroh, dicken Lagen Zeitungspapier oder anderen Isoliermaterialien schützen.

In Extremfällen müssen die Gefäße sogar ins Haus genommen werden.

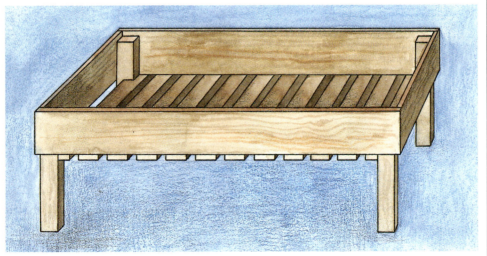

Apfelhorde (vergleiche auch Seite 26)

Die Erdmiete

Frostfreiheit erreicht man in einer Grube. Sie kann ihren Platz im Prinzip überall auf Ihrem Grundstück finden. Es ist jedoch zweckmäßig, für eine Überdachung zu sorgen, damit man auch bei viel Schnee an die Grube herankommen kann. Die Größe der Grube richtet sich nach Ihren Vorräten. Um Frostfreiheit zu erreichen, sollte sie allerdings mindestens 80 cm tief sein. Ihr Boden wird festgestampft und als Schutz gegen Mäuse mit einem Maschendraht ausgelegt. Damit die senkrechten Wände nicht mit der Zeit abbröckeln, werden sie mit Brettern oder Steinen befestigt. In diese Erdgrube stellt man dann die Kisten mit dem Erntegut hinein und isoliert sie mit einer dicken Lage Stroh.

Der Deckel besteht z. B. aus Holzbrettern, die leicht schräg angebracht sind, damit Regen und Schmelzwasser nicht in die Grube laufen können. Zweckmäßigerweise wird der Deckel noch mit wasserundurchlässigem Papier, wie es auch zum Dachdecken verwendet wird, abgedeckt. Dachpappe sollte man wegen ihres hohen Bitumengehaltes besser nicht verwenden (Bitumen gehört zu den krebserregenden Stoffen und stellt damit ein gesundheitliches Risiko dar).

In einer solchen Erdgrube bleibt das eingelagerte Obst und Gemüse frisch bis in das nächste Frühjahr hinein, weil dort sehr gleichmäßige Temperaturen und Feuchtigkeitsverhältnisse herrschen.

Als weiterer Schutz gegen Kälte kann man auf den Deckel noch eine etwa 20 cm dicke Strohschicht geben.

So eine Grube sollte bei Frost allerdings nicht geöffnet werden, an frostfreien Tagen kann man sie dagegen gelegentlich lüften.

Zeichnung einer Erdgrube im Querschnitt

18 Das Lagern

So kann man Gemüse im Frühbeet einschlagen und winterhartes Gemüse auch bei Schnee problemlos ernten.

Lagerung im Garten

Wer keinen geeigneten Keller oder geeignete Nebenräume besitzt, kann einen Teil seiner Vorräte auch in einem Frühbeet überwintern. Hier können z. B. Möhren, Pastinaken, Sellerie, Fenchelknollen, Endivien und Zuckerhut eingeschlagen werden. Dabei sollte man aber zum Schutz gegen Mäuse das Frühbeet mit einem engmaschigen Drahtgeflecht ausschlagen. Um einigermaßen gleichbleibende Temperaturen zu gewährleisten, wird das Frühbeet gegen Sonneneinstrahlung und gegen Frost mit Strohmatten oder einer dicken Schicht Tannenreisig isoliert. Zweckmäßig ist es, das Frühbeet an frostfreien Tagen ab und zu zu lüften.

Damit man winterhartes Gemüse wie Lauch, Grünkohl und Rosenkohl auch bei starkem Frost und hohem Schnee ernten kann, gräbt man es mit den Wurzeln aus und stellt es mitsamt der anhaftenden Erde an eine schneegeschützte Hauswand, z. B. auch in einen mit Erde gefüllten Kasten. Mit einem Maschendraht schützt man es vor Mäusen, Kaninchen und anderen gefräßigen Nagern.

Bei frostfreiem Wetter sollte man den Wurzelbereich der Pflanzen ab und zu gießen.

Was tut man ohne Garten und Lagerräume?

Alle diejenigen, die keinen eigenen Garten und auch keine geeigneten Lagermöglichkeiten besitzen, um in größeren Mengen Wurzelgemüse, Kartoffeln und Äpfel bei einem Biobauern einzukaufen und dann bei sich zu lagern, erhalten in der kalten Jahreszeit diese typischen Wintergemüse und das Lagerobst aus kontrolliertem biologischem Anbau in Naturkostläden, manchmal auch in Reformhäusern und natürlich auch auf Wochenmärkten. Man sollte dieses auf jeden Fall den Import- und Gewächshauswaren vorziehen und so oft wie möglich essen.

Wie lagert man was?

Hier erfahren Sie, wie Sie die einzelnen Obst- und Gemüsesorten, Nüsse und Getreide am besten lagern sollten, damit sich diese möglichst lange halten und Sie sich im Winter aus eigenen Vorräten versorgen können.
Übrigens müssen nicht alle Ihre Vorräte im Keller oder luftigen Lagerraum ruhen; winterhartes Gemüse können Sie auch bei Frost und Schnee ernten.

Gemüse lagern

Blumenkohl
Blumenkohl verbraucht man am besten gleich frisch vom Beet. Möchte man ihn eine Zeitlang aufbewahren, gräbt man ihn am besten mit den Wurzeln aus, pflanzt ihn im Keller in Sand ein und gießt ihn ab und zu.

Brokkoli
Brokkoli verträgt gut einige Frostgrade, so daß man ihn am besten im Garten beläßt. Auf diese Weise kann man noch bis Ende November kleine Röschen ernten.

Chicorée
Je nach Gegend werden die Chicoréepflanzen vor den ersten großen Frösten im Oktober oder November ausgegraben. Ihre Blätter werden dann etwa 3 cm über dem Wurzelansatz abgeschnitten und die Wurzeln wie alles Wurzelgemüse am besten in leicht feuchtem Sand eingelagert.
Ganz nach Bedarf holt man sie dann im Winter heraus und bringt sie zum Treiben. Der Einfachheit halber verwende ich eine Sorte, die ohne Deckerde treibt. Zu diesem Zweck fülle ich einen 10-Liter-Eimer zu zwei Dritteln mit Sand oder einem Gemisch aus Erde und Sägemehl und pflanze dort dicht nebeneinander 6 bis 8 Wurzeln ein.
Der Eimer wird mit Packpapier so abgedeckt, daß kein Licht eindringen kann, und anschließend in einen Raum mit 12 bis 15° C Raumtemperatur gestellt. Wenn man die Wurzeln regelmäßig gießt, wachsen in 4 bis 6 Wochen die »bleichen« Chicoréestauden heraus. Sie

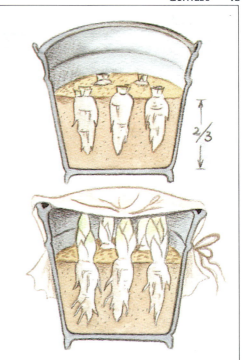

Es gibt Chicoréesorten, die ohne Deckerde treiben.

werden vorsichtig etwa 2 cm über dem Wurzelansatz abgeschnitten und wachsen meist ein zweites Mal nach.
Wer will, kann die Wurzeln auch einzeln oder zu zweit in Blumentöpfe pflanzen und für den Bleichvorgang einen zweiten Blumentopf darüberstülpen.
Auf diese Weise hat man dann bei geschickter Planung den ganzen Winter über frische Chicoréestauden, die Sie in der Küche vielseitig verwenden können.

Chinakohl
Chinakohl kann bis minus 5° C im Freiland bleiben. Dabei kann man ihn auch noch eine Zeitlang vor eventuellen stärkeren Frösten durch einen Folientunnel oder eine Strohschicht schützen.
Danach gräbt man ihn vorsichtig mit den Wurzeln aus, entfernt die äußeren Blätter,

bindet die inneren zusammen und schlägt den Chinakohl dicht nebeneinander in feuchtem Sand oder Erde im Keller ein. Als Schutz vor Verdunstung kann dabei jeder Kopf einzeln in Zeitungspapier eingewickelt werden. Bei Temperaturen um 6° C ist er so mindestens 6 Wochen haltbar.

Endivien
Die Winterendivie übersteht ohne Schwierigkeiten Fröste bis minus 5° C, so daß man sie möglichst lange im Garten belassen sollte. Auch der Winterendiviensalat läßt sich dann noch eine Zeitlang durch Folie oder Stroh vor stärkeren Frösten schützen. Allerdings muß er an frostfreien Tagen stets gut gelüftet werden, weil er sonst anfängt zu faulen. Meist gräbt man dann im Dezember die letzten Köpfe vorsichtig mit den Wurzeln aus und schlägt sie – unter Umständen in Zeitungspapier eingehüllt – im Keller in feuchtem Sand oder Erde dicht nebeneinander ein.

Feldsalat
Feldsalat bleibt stets draußen im Garten. Er kann bei schneefreiem Wetter – je nach Aussaattermin – von Oktober bis in den April hinein stets frisch geerntet werden. Es empfiehlt sich, einen Teil auch unter Folie, im Frühbeet oder im Gewächshaus auszusäen, damit auch bei Schnee geerntet werden kann.

Fenchel
Der Gemüsefenchel übersteht leicht Fröste, so daß er bis in den November hinein noch direkt vom Freiland geerntet werden kann. Dabei wird er eventuell durch eine lockere Schicht Laub geschützt.
Bei stärkerer Frostgefahr gräbt man die Knollen aus, schneidet die Wurzeln ab, stutzt die Blätter und Stiele und gräbt den Fenchel in feuchtem Sand aufrecht stehend ein. So hält er einige Wochen.

Grünkohl
Grünkohl ist ein winterhartes Gemüse; seinen unverwechselbaren Geschmack erhält er erst nach dem ersten richtigen Frost, so daß man ihn auf keinen Fall früher ernten sollte.

Grünkohl ist ein winterhartes Gemüse, das auch bei Frost geerntet werden kann.

Er kann problemlos den ganzen Winter über im Garten stehenbleiben und jederzeit geerntet werden. Dabei sollte man ihn allerdings nicht abdecken, weil er sonst vergilbt. Selbst eine hohe Schneedecke schadet ihm nichts. Wenn im beginnenden Frühjahr die stark wechselnden großen Temperaturschwankungen einsetzen, sollte er allerdings geerntet werden.
In Gegenden mit sehr viel Schnee kann man den Grünkohl auch mit den Wurzeln ausgraben und mitsamt der anhaftenden Erde an eine schneegeschützte Hauswand oder in das Frühbeet stellen. So ist er immer ernteberelt, sollte allerdings in der frostfreien Zeit ab und zu gegossen werden.

Kartoffeln
Die späten lagerfähigen Kartoffelsorten halten sich bei sachgemäßer Lagerung bis in das nächste Frühjahr hinein, ohne dabei etwas von ihrem Geschmack und von ihrem gesundheitlichen Wert einzubüßen.
Es versteht sich von selbst, daß für die Lagerung nur einwandfreie gesunde Knollen verwendet werden, die man am besten getrennt nach Sorten aufbewahrt. Alle Kartoffeln, die auf irgendeine Weise beschädigt sind, wer-

Gemüse 21

den gesondert gelegt und möglichst bald verbraucht.
Außerdem sollten die Kartoffeln trocken sein und auf keinen Fall gewaschen werden, bevor sie in den Keller kommen.
Für ihre Lagerung bevorzugen sie einen dunklen, nicht zu trockenen Kellerraum mit einer Temperatur von 4 bis 7° C. Kartoffeln sind sehr frostempfindlich, bei Temperaturen um 0° C wandelt sich nämlich die enthaltene Stärke in Zucker um, sie schmecken dann süßlich. Unter starkem Lichteinfluß verfärben sich die Knollen grün und bilden dabei das giftige Solanin. Schneiden Sie deshalb grüne Stellen bei Kartoffeln immer großzügig weg.
Damit die Kartoffeln nicht schrumpeln und möglichst spät anfangen zu keimen (dabei büßen sie viel von ihrem Vitamin-C-Gehalt ein), kann man folgendes tun:
– Es wird empfohlen, Kartoffeln nicht zusammen mit Äpfeln und anderem Kernobst in einem Keller zu lagern. Äpfel »atmen« bei ihrer Lagerung Reifegase und Kohlendioxid aus; ein hoher Kohlendioxidgehalt in der Luft begünstigt aber den Keimprozeß bei Kartoffeln. (Welche Maßnahmen man bei nur einem Kellerraum ergreifen kann, ist auf Seite 16 beschrieben.)
– Auch die Kartoffel selbst produziert in der ersten Zeit ihrer Lagerung sehr viel Kohlendioxid, viermal soviel wie später. Ein häufiges Lüften des Kellers zu Beginn der Lagerzeit wirkt sich daher günstig aus.
– Da Kohlensäure schwerer als Luft ist, konzentriert sie sich besonders in Bodennähe. Aus diesem Grunde werden Kartoffeln auch nie direkt auf dem Boden aufbewahrt, sondern finden ihren Platz in speziellen Kartoffelkisten oder drehbaren Kartoffeltrommeln. Beide sind luftdurchlässig. Bei der Kartoffelkiste ist der Boden schräg angebracht und bildet eine vorn herausstehende Lade. Dadurch kann man stets Kartoffeln entnehmen, denn das Füllgut rutscht immer von oben nach und wird so gleichzeitig auch bewegt.
Die Kartoffeltrommel dreht man am besten vor jeder Entnahme, so daß die Kartoffeln sich noch mehr bewegen als in der Kartoffelkiste, ein stärkerer Luftaustausch stattfindet und die Kartoffeln nur schwer Keime ausbilden können.
– Bei einer zu geringen Luftfeuchtigkeit im Keller kann man das Kartoffellager mit einer Plastikplane abdecken oder aber auch die Knollen eventuell schichtweise in leicht (!) befeuchtetes Stroh oder Laub legen.

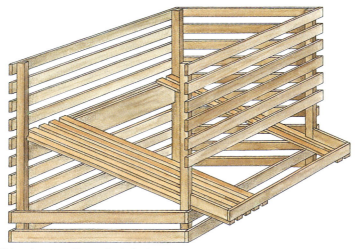

Eine Kartoffelkiste können Sie auch einfach selber bauen. Der Boden der Einlagerungskiste wird schräg, damit die Kartoffeln jeweils nachrutschen können.

Kohl (Rotkohl, Weißkohl, Wirsing)

Alle späten Kohlsorten vertragen leichte Fröste, so daß sie in der Regel erst Ende Oktober/Anfang November geerntet werden müssen.

Für die Winterlagerung sollte man wirklich nur einwandfreie, gut ausgebildete Köpfe verwenden. Alle kleinen, leicht verletzten sollten möglichst bald verbraucht werden. Je nach örtlichen Gegebenheiten hält Rotkohl etwa 2 Monate, Weißkohl 3 Monate (bei günstigen Bedingungen auch wesentlich länger), Wirsing mit seinen gekrausten Blättern und nicht ganz geschlossenen Köpfen hält in der Regel nicht so lange.

Die draußen gut abgetrockneten Kohlköpfe werden, wenn es geht, mit den Wurzeln geerntet. An diesen kann man sie dann nebeneinander, ohne daß sie sich berühren, kopfüber aufhängen. Auf diese Weise entstehen während der Lagerung keine Druckstellen, die nachher zur Fäulnis oder Schimmelbildung führen können.

Die äußeren Blätter werden nur entfernt, wenn sie Faulstellen aufweisen. Man läßt sie ansonsten an den Pflanzen, weil sie eine natürliche Schutzhülle gegen Verdunstung bilden. Aus diesem Grunde ist es auch falsch, während der Lagerzeit eingetrocknete und unansehnlich gewordene Blätter abzunehmen, der Verdunstungsprozeß würde dann immer weiter ins Innere fortschreiten. Sie werden erst entfernt, wenn der Kohl schließlich verbraucht wird.

Köpfe ohne Wurzeln läßt man daher auch am besten an einem luftigen, schattigen Platz im Freien für einige Tage liegen, damit die äußeren Blätter etwas eintrocknen. Anschließend werden sie dann auf Lattenregalen im Keller gelagert; sie sollten dabei aber ab und zu gedreht werden, damit sie nicht schimmeln.

In sehr trockenen Kellern können die Köpfe auch in eine gelochte Folie eingeschlagen werden. Dabei schlägt sich dann die Feuchtigkeit, die die frischen Pflanzen abgeben, an der Folie nieder und bildet so einen Verdunstungsschutz.

Aber Achtung: ist der Keller zu warm, erhöht sich dadurch auch die Fäulnisgefahr.

Kohlrabi

Kohlrabi ist frostempfindlich und sollte deshalb bis spätestens Ende Oktober geerntet werden. Man genießt ihn am besten in zartem, frischem Zustand; bei geschickten Aussaatterminen ist das in der Regel vom zeitigen Frühjahr bis in den Herbst hinein möglich. Für die Lagerung werden die Blätter bis zu den Herzblättern entfernt und die Knollen in feuchtem Sand eingeschlagen. So halten sie sich wenige Wochen.

Kürbisse

Ausgereifte Kürbisfrüchte sollten vor den ersten Frösten geerntet werden. Sie halten im Keller in der Regel bis in den Januar hinein, weil ihre feste Schale einen natürlichen Verdunstungsschutz bietet.

Am besten hängt man die Kürbisse einzeln in Netzen oder Tüchern auf. Auf diese Weise vermeidet man am besten Druckstellen, an denen sich bekanntlich zuerst Fäulnis bildet.

Lauch

Lauch ist winterhart und kann deshalb im Boden bleiben. So kann er den Winter über bei frostfreiem Wetter geerntet werden.

Wer aber auch bei viel Schnee oder starkem Frost ernten möchte, gräbt einen Teil seines Lauchs mitsamt den Wurzeln aus und schlägt die Lauchstangen dann entweder an einem überdachten Ort im Freien, im Frühbeet oder im Keller in Erde ein und gießt sie gelegentlich (nur bei frostfreiem Wetter).

Mangold

Mangold übersteht auch die ersten geringen Fröste noch ganz gut, so daß man ihn meist bis in den November hinein frisch aus dem Garten holen kann.

Danach schneide ich alle Mangoldblätter gut eine Handbreit über dem Erdboden ab und bedecke die Pflanzen mit Laub oder Deckreisig. Ganz zeitig im Frühjahr – sobald das Wetter und die Schneeverhältnisse es zulassen – wird diese Schutzschicht entfernt, damit der Mangold nicht anfängt zu faulen. Mit den ersten Sonnenstrahlen treibt er dann erneut aus.

Möhren (gelbe Rüben, Mohrrüben)

Möhren sollten möglichst lange im Garten bleiben. Erst kurz vor den zu erwartenden schweren Frösten und Schneefällen werden sie am besten mit einer Grabgabel vorsichtig ausgegraben. Man dreht das Laub ab und lagert die ungewaschenen Möhren dann in einem kühlen Keller – am besten schichtweise in feuchtem Sand. So halten sie bis in das nächste Frühjahr hinein.

Pastinaken

Die Pastinake ist frosthart und kann normalerweise im Boden bleiben. Bei frostfreiem Wetter wird sie bei Bedarf ausgegraben.
Wer aber auch bei einer langen Frostperiode oder einer hohen Schneedecke ernten möchte, gräbt sie vorsichtig aus, dreht das Laub ab und lagert sie wie alles Wurzelgemüse in feuchtem Sand ein.

Petersilienwurzeln

Wie alles Wurzelgemüse, so sollten auch Petersilienwurzeln möglichst lange in der Erde bleiben. Vor den ersten schweren Frösten gräbt man die Wurzeln jedoch aus, dreht das Laub ab und lagert sie am besten schichtweise in feuchtem Sand im Keller. Wer im Winter frisches Petersiliengrün ernten möchte, pflanzt die Wurzel zu zwei Dritteln in einen Topf und stellt diesen an einen hellen Ort bei einer Temperatur von etwa 15°C. Die Pflanze beginnt dann schon bald zu treiben.

Radicchio

Etwa im Oktober werden die Blätter des Radicchio 4 cm über dem Boden abgeschnitten, die Wurzeln aber in der Erde belassen.
Bei frostfreiem Wetter, besonders im zeitigen Frühjahr, können dann die neu ausgetriebenen Blattrosetten geerntet werden.

Rettiche

Sommerrettiche sind zum sofortigen Verbrauch bestimmt.
Winterrettiche gräbt man Ende Oktober/Anfang November vorsichtig aus, dreht das Laub ab und lagert sie wie alles Wurzelgemüse schichtweise in leicht feuchtem Sand.

Rosenkohl

Alle Rosenkohlsorten sind winterhart und schmecken sogar nach den ersten stärkeren Frösten am besten. Auf diese Weise können sie stets frisch vom Beet geerntet werden. Eine Schneedecke oder starker Frost schaden ihnen erst im zeitigen Frühjahr, wenn es extreme Temperaturschwankungen zwischen starken Frösten nachts und mehreren Plusgraden tagsüber gibt. Die Röschen können dann anfangen zu faulen. Hat man die Röschen bei Frost geerntet – man beginnt beim Pflücken immer mit den untersten Röschen – so läßt man sie langsam im Haus auftauen. In Gegenden mit sehr viel Schnee ist es unter Umständen zweckmäßig, die ganzen Pflanzen mitsamt den Wurzeln auszugraben und – wie beim Grünkohl – in etwas Erde an einer schneegeschützten Hauswand einzugraben.

Rosenkohl können Sie auch bei Frost ernten.

Rote Bete (rote Rüben)

Die rote Bete für den Wintervorrat sollte keinen Frost abbekommen, weil sie dadurch ähnlich wie die Kartoffel ihren Geschmack verändert. Aus diesem Grunde wird sie im Oktober vorsichtig ausgegraben, ihr Laub etwa 3 cm über dem Wurzelansatz abgeschnitten. Diese Maßnahme ist wichtig, damit die Wurzel nicht verletzt wird und damit kein Saft ausströmen kann. Anschließend wird sie, wie alles Wurzelgemüse, im kühlen Keller am besten schichtweise in leicht feuchtem Sand eingelagert.

Schwarzwurzeln

Schwarzwurzeln sind winterhart und können deshalb vom Herbst bis in das Frühjahr hinein bei frostfreiem Wetter stets frisch vom Beet geerntet werden. Dabei kann eine Laub- oder Strohdecke den Boden noch längere Zeit vor dem Gefrieren schützen. Trotzdem ist es zweckmäßig, für die frost- und schneereichen Perioden einen Teil der Wurzeln vorsichtig auszugraben und entweder wie Grünkohl, Rosenkohl und Lauch im Frühbeet oder einer geschützten Ecke in Erde einzuschlagen oder wie alles Wurzelgemüse im kühlen Keller in Sand aufzubewahren.

Sellerie

Vor den ersten schweren Frösten wird der Knollensellerie aus dem Garten geholt, von seinen Blättern befreit (man kann diese trocknen und zum Würzen verwenden) und in einem kühlen Keller in Sand eingelagert. So steht er dann den ganzen Winter über zur Verfügung.
Wer frisches Selleriekraut auch im Winter ernten möchte, pflanzt eine Wurzel zu zwei Dritteln in einen mit Erde gefüllten Topf und stellt diesen an einen hellen, mäßig warmen Platz. Schon sehr bald fängt die Wurzel an auszutreiben.
Auch der Staudensellerie hält sich, in Sand eingeschlagen, einige Wochen im Keller.

Tomaten

Wenn Anfang bis Mitte Oktober die Nächte kühler und die Tage merklich kürzer werden,

So kann man Tomaten im Herbst am besten nachreifen lassen.

sollten Sie Ihre Tomaten ernten. Zu diesem Zweck gräbt man die ganzen Pflanzen mitsamt den Wurzeln aus und hängt sie umgekehrt an einem luftigen, trockenen Ort auf. Nach und nach können dann die roten Tomaten gepflückt werden.
Grüne Tomaten kann man auch nebeneinander – ohne daß sie sich berühren – auf Papier auslegen. Die Temperatur in dem Raum sollte dabei etwa 10 bis 15°C betragen. Für das Nachreifen müssen die Tomaten vor Lichteinfall geschützt werden, deshalb deckt man sie am besten mit Papier ab.
Alle 2 bis 3 Tage kontrolliert man die Tomaten, dreht sie unter Umständen und verbraucht die rot gewordenen.
Auf diese Weise haben wir zum Beispiel noch leicht bis Weihnachten frische Tomaten.

Topinambur

Die Ernte von Topinambur beginnt erst im Herbst. Da die Knollen winterhart sind, kann man sie bei frostfreiem Wetter den ganzen Winter über bis ins Frühjahr hinein ernten.

Einen kleinen Vorrat kann man jedoch auch für Frost- und Schneeperioden in den Keller holen. Dort müssen sie dann aber unbedingt in feuchte Erde oder Sand eingeschlagen werden, weil sie sonst leicht schrumpeln und welken.

Winterpostelein (Winterportulak)

Winterpostelein wird wie Feldsalat ausgesät und behandelt.

Er verträgt Frost und Schnee, kann mehrmals geschnitten und daher den ganzen Winter über geerntet werden – vorausgesetzt, man hat ihn mit einem Schneeschutz versehen. Die Haupternte liegt allerdings im Februar und März.

Übrigens: auch seine kleinen weißen Blüten sind eßbar und können unter den Salat gemischt werden.

Zucchini

Normalerweise werden Zucchini geerntet, wenn sie etwa 20 cm groß sind.

Läßt man die grünen und gelben Zucchini im Herbst jedoch wachsen, so entwickeln sie als Verwandte der Kürbisse erstaunliche Größen. Ihre Schale wird hart und bildet so einen natürlichen Verdunstungsschutz (bei diesen großen Zucchini wird sie dann nicht mitgegessen).

Ausgereifte Zucchini holt man deshalb vor den ersten großen Frösten ins Haus und lagert sie wie Kürbisse in Netzen oder in luftigen Regalen. So sind sie einige Wochen lang haltbar.

Zuckerhut

Erst im Spätsommer schließen sich die Blätter des Zuckerhuts, und meistens ist er dann ab Ende September ernteroif. Er kann aber dann noch eine ganze Zeit im Garten bleiben, weil er Fröste bis etwa minus 8° C ohne Schaden übersteht. So gräbt man ihn dann in der Regel erst Ende November/Anfang Dezember vorsichtig mit den Wurzeln aus, wickelt seine Köpfe vorsichtig in Zeitungspapier und schlägt die Pflanzen aufrecht stehend dicht nebeneinander in feuchtem Sand im Keller ein. So hält er sich in der Regel einige Wochen. Wer mutig ist, beläßt auch einige Pflanzen im Garten. Einige erfrieren zwar, bei anderen werden nur die äußeren Blätter durch den Frost zerstört, so daß man unter Umständen dann im Frühjahr noch gut den schmackhaften inneren Kern verspeisen kann.

Zwiebeln

Wenn im Spätsommer oder Herbst das Zwiebelgrün anfängt zu welken, ist das ein Zeichen dafür, daß die Zwiebel ausreift. Holen Sie deshalb die Zwiebeln für die Winterlagerung nicht zu früh aus dem Garten, warten Sie lieber, bis alle Stengel von alleine umknikken und dürr werden. Je besser die Zwiebeln auf dem Beet vortrocknen, desto haltbarer sind sie im Winter. Ernten Sie Ihre Zwiebeln am besten an einem sonnigen, warmen Herbsttag. Das welke Grün wird nicht entfernt, sondern 6 bis 10 Zwiebeln werden lokker zu Bündeln zusammengefaßt und noch etwa 2 Wochen zum Beispiel unter einem sonnigen, luftigen Dachvorsprung zum Trocknen aufgehängt, bis auch die Schale trocken ist. Wer will, kann aus den angetrockneten Zwiebelschläuchen auch einen Zwiebelzopf zum Aufhängen flechten.

Zur endgültigen Lagerung werden diese Bündel dann <u>nicht</u> im feuchten Keller, sondern an einem kühlen, trockenen Ort gelagert, zum Beispiel auf dem Dachboden, wenn er frostfrei ist.

Wer die Zwiebeln nicht bündeln möchte, schneidet ihr Grün einige Zentimeter über der Zwiebel ab, um diese vor Verdunstung zu schützen. Aufbewahrt werden die Zwiebeln dann in luftigen Netzen.

Knoblauch behandelt man genauso.

Obst lagern

Brombeeren, Erdbeeren, Johannisbeeren, Kirschen, Mirabellen, Aprikosen und ähnliche Früchte sind normalerweise nicht lagerfähig und halten sich bestenfalls ein paar Tage im Kühlschrank. Wenn sie am Baum oder Strauch in der Sonne voll ausgereift sind, schmecken sie am allerbesten und haben auch ihren höchsten gesundheitlichen Wert. Sie verlieren durch jede Methode des Haltbarmachens mehr oder weniger viel von ihrer Qualität.

Anders verhält es sich mit dem Kernobst. Je nach Sorten und Lagerbedingungen lassen sich Äpfel, Birnen und Quitten ohne besondere Konservierungsmaßnahmen aufbewahren, das heißt, sie sind mehrere Monate, einige Apfelsorten sogar bis in das nächste Frühjahr hinein haltbar.

Dabei sollte das Kernobst, das für die Winterlagerung bestimmt ist, etwas früher als das Obst geerntet werden, das vollausgereift sofort verbraucht wird. Das bedeutet, daß ein Apfel noch nicht bei leichter Berührung sofort vom Baum fällt, sondern daß man ihn noch vorsichtig abdrehen kann. Sein Fruchtfleisch darf sich ruhig noch fest anfühlen, der Apfel sollte aber so reif sein, daß seine Kerne nicht mehr hell und seine Schale nicht grün, sondern gelbgrün beziehungsweise rot ist.

Alles Fallobst wird – auch wenn keine Druckstellen sichtbar sind – getrennt vom Lagerobst aufbewahrt und möglichst bald verbraucht.

Wie für das Gemüse, so ist auch für das Kernobst ein dunkler Keller mit einem Naturboden der beste Aufbewahrungsort, denn nur er ist in der Regel ausreichend feucht und kühl. Die ideale Luftfeuchtigkeit liegt bei 90%, unter 80% sollte sie nicht absinken. Die beste Temperatur liegt bei 4°C. Auch wenn sie manchmal geringfügig höher ist, so sollte sie jedoch plus 10°C nicht überschreiten, weil sich das nachteilig auf die Haltbarkeitsdauer des Kernobstes auswirkt.

Noch wichtiger ist allerdings, daß man darauf achtet, daß die Äpfel keinen Frost bekommen. Diese Tatsache ist besonders wichtig bei einer Lagerung außerhalb des Hauses, in Garagen oder Nebengebäuden. Hier muß das Obst rechtzeitig vor dem Frost zum Beispiel durch Stroh vor den eindringenden kalten Luftmassen geschützt werden. Sind nämlich Äpfel auch nur einmal kurz gefroren (es reichen schon Temperaturen von minus 1°C), so muß man die Früchte gleich verbrauchen, weil sie nicht mehr lagerfähig sind.

Am besten lagert man Äpfel, Birnen und Quitten einzeln nebeneinander auf luftigen Lattenrosten.

Üblicherweise werden dafür auch genau aufeinander passende flache Obsthorden verwendet, die man bis unter die Kellerdecke stapeln und trotzdem gut überblicken kann: so kann überreifes und faules Obst gleich aussortiert werden.

Da Äpfel und Birnen je nach Sorte in unterschiedlichem Maß sogenannte Reifegase ausströmen lassen (sie bewirken übrigens den guten Duft in einem Obstkeller), dabei aber auch Sauerstoff verbrauchen und Kohlendioxid produzieren, wird empfohlen, sie

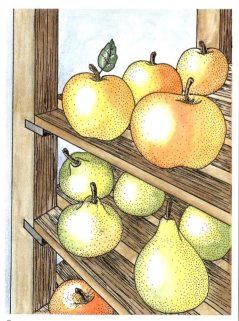

Äpfel und Birnen auf luftigen Lattenrosten

getrennt von Kartoffeln und Wurzelgemüse zu lagern. Diese Empfehlung ist aber in der Praxis nur schwer durchführbar, weil wohl die meisten über höchstens einen geeigneten Keller oder Lagerraum verfügen.

Wenn Sie also nur einen Keller besitzen, sollten Sie Ihr Kernobst möglichst weit entfernt von Gemüse und Kartoffeln lagern und beide unter Umständen durch geeignete Maßnahmen (siehe Seite 27) schützen. Bei der Lagerung sollten die lange haltbaren Sorten möglichst weit unten liegen. Hier ist der Kohlendioxidgehalt der Luft am größten und es ist kühler; beides verlängert die Lagerfähigkeit.

─────────── Tip ───────────

Ein altes Hausmittel sind getrocknete Holunderblüten, die, zwischen die Äpfel gelegt, deren Haltbarkeit verbessern sollen.
Getrocknetes Farnkraut ist ein anderes altes Hausrezept. Legt man es unter die Äpfel und deckt diese damit ab, so werden Mäuse vom Obst ferngehalten.

───────────────────────────

Wer einen zu trockenen oder zu warmen Keller besitzt oder sein Obst gegen Kartoffeln und Wurzelgemüse abschirmen möchte, kann das Apfellager mit einer Kunststoffolie aus Polyäthylen umhängen oder die Äpfel gleich in Beutel aus diesem Material abfüllen. Durch die natürliche Ausdünstung des Obstes entsteht unter der Folie eine höhere Luftfeuchtigkeit, durch die ausströmenden Reifegase verändert sich die Luftzusammensetzung: Sauerstoff wird verbraucht, Kohlendioxid wird produziert. Beides zusammen, Luftfeuchtigkeit und hoher Kohlendioxidgehalt, erhöhen die Lagerfähigkeit.

Dabei sollte kein absoluter Luftabschluß erreicht werden, im Gegenteil, ein minimaler Luftaustausch sorgt dafür, daß die Luftfeuchtigkeit nicht überhandnimmt. Für eine solche Lagerung in oder unter Folie sind allerdings nicht alle Sorten gleich gut geeignet. Am besten probieren Sie deshalb diese Art der Lagerung an kleinen Mengen aus. Wem die Lagerung unter Folie nicht behagt, der erreicht einen Verdunstungsschutz und die erforderliche Dunkelheit für die Lagerung des Kernobstes auch durch flache Pappkartons (mit Deckel).

Dabei ist es am zweckmäßigsten, etwa einen Wochenbedarf in einen solchen Karton abzupacken und ihn mit Sorte und ungefährem Verbrauchsdatum zu beschriften. So kann man seinen Bedarf wie gewünscht entnehmen und braucht nicht ständig alle Kartons zu öffnen. Das Öffnen würde übrigens auch die im Karton angestiegene Luftfeuchtigkeit und den Kohlendioxidgehalt wieder herabsetzen.

Übrigens: Keine Sorge, gesunde Äpfel werden von fauligen nicht angesteckt! Solche Pappkartons stapelt man dann so übereinander, daß die frühen Sorten vorne und/oder oben stehen.

Das wichtigste Winterobst ist das lange Zeit lagerfähige Kernobst.

Einige lagerfähige Apfel- und Birnensorten

(je nach örtlichen Gegebenheiten können Unterschiede in der Haltbarkeitsdauer auftreten)

Äpfel

Sorte	Haltbarkeitsdauer
Gravensteiner	bis Dezember
James Grieve	bis Ende November
Goldparmäne	bis Januar/Februar
Freiherr von Berlepsch	bis März
Cox Orange	bis Februar
Boskop (je nach Sorte)	Januar bis März
Winterglockenapfel	bis März/April
Brettacher	bis Mai

Unberücksichtigt bleiben in dieser Tabelle die vielen alten Apfelsorten, die zum Glück wieder kultiviert werden und sich zum Teil sehr lange halten.

Birnen

Sorte	Haltbarkeitsdauer
Williams Christ	bis Ende Oktober
Gute Luise	bis Oktober
Gellerts Butterbirne	bis Mitte November
Conférence	bis Anfang Dezember
Alexander Lukas	bis Ende Dezember
Madame Verté	bis Januar/Februar

Quitten

je nach Sorte	bis Dezember/Januar

Nüsse lagern

Für die Lagerung in unseren Breiten kommen wohl in erster Linie Haselnüsse oder Walnüsse in Frage. So kann man von einem gut ausgewachsenen alten Haselnußstrauch leicht 5 bis 8 kg Nüsse ernten, bei großen Walnußbäumen fällt die Ernte in guten Jahren noch bedeutend größer aus.

Haselnüsse sollten am Strauch völlig ausreifen, sonst schrumpeln sie nämlich bei der Lagerung. Nachdem man sie geerntet hat, werden sie am besten in Jute- oder Leinensäckchen in der Schale an einem luftigen trockenen Ort aufbewahrt.

Walnüsse werden zu einem großen Teil schon frisch verarbeitet, schmecken aber auch nach ihrer völligen Reife ausgezeichnet. Wegen ihres hohen Fettgehaltes könnten sie ranzig werden; man soll sie deshalb nicht so lange wie Haselnüsse aufbewahren. Nur unter völligem Luftabschluß halten sie sich wirklich frisch.

Haselnüsse sollten am Strauch völlig ausreifen.

Getreide lagern

Menschen, die gewohnt sind, das weiße Haushaltsmehl aus den Regalen der Supermärkte zu entnehmen und oft mehrere Monate bei sich aufzubewahren, sind erstaunt, wenn sie erfahren, daß Vollkornmehl nicht lagerfähig ist. Getreide sollte daher am besten erst kurz vor seiner Weiterverarbeitung zu Brot, Gebäck oder Teigwaren gemahlen werden. Denn das Vollkornmehl enthält im Gegensatz zum weißen Haushaltsmehl noch die Randschichten des Getreides und den Getreidekeim. Darin befinden sich wertvolle Vitamine, Mineralstoffe, Enzyme, Eiweiß und Fette. Nach dem Mahlen beginnt sofort durch den Einfluß von Wärme und Sauerstoff ein Abbauprozeß dieser Inhaltsstoffe, so daß das Vollkornmehl nach einer längeren Lagerung erheblich an gesundheitlichem Wert verliert, später dann ranzig (durch die Fette) und »muffig« wird.

Das ungemahlene Getreidekorn dagegen ist sozusagen eine Naturkonserve ersten Ranges. Selbst unter größten Temperaturschwankungen bleibt es bis zu zwei Jahren, manchmal auch länger, keimfähig, das bedeutet, daß es nichts von seinen wertvollen Inhaltsstoffen verliert.

Es lohnt sich deshalb auch aus finanziellen Gründen, Getreide in größeren Mengen einzukaufen und selbst zu lagern – vorausgesetzt, man besitzt eine Getreidemühle.

Bei der Lagerung ist darauf zu achten, daß das Getreide nicht schimmelt oder der Getreidekäfer sich in ihm einnistet. Aus diesem Grunde wird es am besten in Jute- oder Leinensäcken sowie Holzkisten (niemals in Plastiktüten oder Plastikbehältern) in einem trockenen Raum bei Temperaturen von 15 bis 20° C aufbewahrt.

Damit es dem Kornkäfer schwerfällt, sich einzunisten, sollte man das Getreide bei der Entnahme, mindestens aber einmal wöchentlich, mit den Händen gut durchmischen oder die Säcke schütteln.

Sollten sich im Getreide tatsächlich einmal Insekten befinden, so kann man es in der Sonne ausbreiten (die Käfer sind lichtscheu), drehen und wenden und dann auslesen.

Die im Handel erhältlichen Getreidesäcke, die aufgehängt werden und unten eine Entnahmevorrichtung haben.

Getreide mit einem hohen Feuchtigkeitsgrad könnte leicht anfangen zu schimmeln, aber auch die Mahlsteine Ihrer Mühle verkleben. Aus diesem Grunde muß der Lagerort unbedingt trocken sein.

Sollten Sie Ihr Getreide ganz frisch geerntet vom Bauern beziehen, so kann dieses naturfeuchte Getreide je nach Witterung noch bis zu 20% Wasser enthalten, was unter Umständen die Schimmelbildung begünstigt.

Erntefrisches Getreide sollte deshalb nicht gleich gemahlen werden, sondern zunächst einmal bei Zimmertemperatur 2 bis 4 Wochen nachtrocknen. Bricht dann das Korn knackig auf einer harten Unterlage, so ist es trocken und kann endgültig gelagert und verbraucht werden.

Das Trocknen

Es ist schon lange her, daß die Menschen sich bemühten, ihre Lebensmittel über längere Zeit aufzubewahren, um Vorräte für den Winter zu sammeln.

Vermutlich haben sie rein zufällig entdeckt, daß die Sonne Früchten, Gemüse, Fleisch und Fisch Wasser entzieht, sie quasi »austrocknet« und damit nicht verderben läßt. Grabfunde mit getrockneten Feigen zeigen, daß dieser Vorgang zu einer ganz gebräuchlichen Konservierungsart wurde und bereits im alten China und Ägypten weit verbreitet war. Auch die Inkas trockneten schon Beeren und Fleisch und stellten aus getrockneten, geraspelten Kartoffeln eine Art Kartoffelpüree her. In südlichen Ländern ist das Trocknen auch heute noch eine ganz gebräuchliche Konservierungsart: in Griechenland trocknet man zum Beispiel Trauben, in der Türkei Aprikosen, in Israel, Spanien und Italien Paprika, Tomaten, Feigen usw.

Auch bei uns hat das Trocknen und Dörren eine lange Tradition. Dabei denkt wohl kaum einer daran, daß unsere intensiv betriebene Viehwirtschaft ohne das Trocknen von Gras als Futtermittel im Winter gar nicht möglich wäre. Eher erinnert man sich wohl daran, daß in ländlichen Gegenden Äpfel, Birnen und Zwetschgen ausgelegt oder zum Trocknen aufgehängt und als sogenannte »Hutzel« im Winter verzehrt wurden. Dabei trocknet man jedoch weniger in der Sonne, weil das unbeständige Wetter das oft nicht zuläßt, sondern vielmehr unter den Dächern der Häuser, die auch im Herbst die Sonne noch gut speichern, oder in der Nähe großer Kachelöfen.

Heute wird bei uns sehr viel industriell getrocknet: Suppen, Soßen, Klöße, Reibekuchen usw., allerdings unter einem enormen technischen Aufwand. Diese Form hat dann allerdings vom gesundheitlichen und ökologischen Standpunkt aus betrachtet wenig mit dem im Haushalt praktizierten, schonenden Verfahren gemein.

Welche Vorteile bietet das Trocknen?

Das Trocknen (und Dörren) beruht auf einem einfachen Prinzip: Obst und Gemüse bestehen zum größten Teil aus Wasser (80 bis 90%). Durch Wärmeeinwirkung wird ihnen dieses Wasser entzogen. Was übrigbleibt, ist eine Art Konzentrat, dessen Geschmack intensiver und würziger ist und bei Obst einen höheren natürlichen Zuckergehalt aufweist als die entsprechenden frischen Produkte.

In dieses Konzentrat können keine Bakterien und sonstige Mikroorganismen eindringen, weil ihnen das zum Gedeihen notwendige feuchte Milieu entzogen wurde. Die Folge davon ist, daß richtig getrocknete Lebensmittel nicht schimmeln können und bei sachgemäßer Lagerung theoretisch jahrelang haltbar sind (allerdings verlieren sie bei langer Lagerung allmählich an gesundheitlichem Wert, so daß man am besten jedes Jahr frische Lebensmittel trocknet).

Bei dieser Konservierungsart sollten Sie, wann immer es möglich ist, das Trocknen dem Dörren vorziehen.

Das Trocknen findet meist im Freien statt oder unter Ausnutzung des Speichers oder einer sowieso schon vorhandenen Wärmequelle. Die Temperaturen liegen dabei zwischen 30 und 50° C. Bei diesen geringen Temperaturen werden die Lebensmittel sehr geschont (geringe Verluste an Vitaminen), und gleichzeitig benötigt man keine zusätzliche Energie.

Gedörrt wird im Backofen oder auf elektrischen Dörrapparaten. Dieses Verfahren empfiehlt sich besonders dann, wenn das Wetter oder die Platzverhältnisse ein Trocknen ohne Fremdenergie nicht möglich machen. Besonders beim Gemüse könnte man in unseren Breiten wohl ohne diese etwas höheren Temperaturen überhaupt nicht trocknen – der Trockenprozeß würde viel zu lange dauern und das Getrocknete unansehnlich werden.

Im Vergleich zu anderen Konservierungsmethoden werden durch die niedrigen Tempe-

Das Trocknen

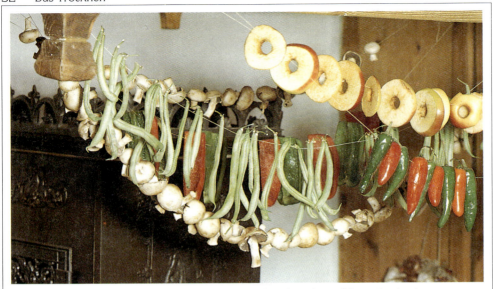
Pilze, verschiedene Gemüse und Apfelscheiben werden über einem Ofen getrocknet.

raturen Vitamine und Nährstoffe der Lebensmittel geschont. Es treten zwar Einbußen zum Beispiel bei Vitamin C und bei Vitaminen der B-Gruppe auf, sämtliche Mineralstoffe bleiben aber vollständig erhalten und werden nicht, wie etwa beim Einkochen, ausgelaugt. Besonders geschätzt werden getrocknete Lebensmittel jedoch wegen ihres intensiven oder würzigen Aromas, denn Geschmacks- und Aromastoffe bleiben bestmöglich erhalten. Auf diese Weise können dann getrocknete Lebensmittel überaus vielfältig für eine gesunde Ernährung verwendet werden.

Zum Haltbarmachen selbst und für die spätere Lagerung wird keine oder nur verschwindend geringe Energie benötigt (im Gegensatz zum Einkochen und Tiefgefrieren). Außerdem bietet sich diese Methode für jede Familiengröße an, denn ohne große Vorbereitungen können sowohl kleine wie auch große Mengen getrocknet werden.

Da außerdem durch den Trockenvorgang das Obst und Gemüse ganz beträchtlich an Volumen und Gewicht verliert, benötigt man zum Aufbewahren nur verhältnismäßig wenig Platz.

Wie wird getrocknet?

Wie bei allen anderen Konservierungsarten sollten Sie auch beim Trocknen und Dörren darauf achten, daß Sie nur vollausgereifte Früchte und Gemüse ohne Druck- und Faulstellen verwenden. Reife Früchte sind am haltbarsten und geschmacksintensivsten, denn wenn das frische Produkt schon fad schmeckt, so können Sie auch nach dem Trocknen nicht plötzlich eine Geschmacksverbesserung erwarten.

Nach der Auswahl der Lebensmittel müssen Sie sich entscheiden, ob Sie die jeweiligen Früchte schälen, entsteinen und – bei Gemüse – zerkleinern wollen.

Schälen Sie das Obst, entfernen Sie gleichzeitig mit der Schale auch viele Vitalstoffe. Andererseits bewirkt ein Schälen ebenso wie ein Entsteinen oder Halbieren eine Verkürzung des Trockenvorganges. Je kleiner nämlich die einzelnen Stücke sind, desto schneller trocknen sie. Da aber stark Zerkleinertes beim Trocknen auch mehr wertvolle Inhaltsstoffe verliert, sollten Sie auf keinen Fall zuviel des Guten tun. Am besten putzen und zerkleinern Sie das Obst und Gemüse so, wie Sie es für die Frischzubereitung auch täten.

Das vorbereitete Obst und Gemüse breiten Sie dann auf Rosten oder Gittern aus oder hängen es auf.

Dafür eignen sich zum Beispiel Gitterroste aus dem Backofen oder aus dünnen Holzleisten, Fliegenfenster, Getreide- und Mehlsiebe, Geflechte aus Bambusfaser, Körbe mit geflochtenem Boden oder die Siebe des elektrischen Dörrgerätes.

Man sollte bei der Auswahl darauf achten, daß die Roste sich gut reinigen lassen (wichtig bei saftreichen Früchten) und nicht rosten oder oxidieren. Zur Vorsicht kann man sie – auch wenn man zum Beispiel sehr feines Trockengut hat – mit einem Mulltuch oder Gaze auslegen. Bei den elektrischen Geräten besteht das Drahtgeflecht aus Edelstahl, so daß eine Oxidation und eine Schwarzfärbung an den Auflagestellen vermieden wird.

Wollen Sie auf dem Dachboden oder in Ofennähe trocknen, ziehen Sie das Gemüse am besten ganz oder halbiert auf Fäden auf.

Wichtig ist, daß das Trockengut nicht übereinander liegt oder hängt, sondern nebeneinander. Die Roste sollten außerdem etwas erhöht stehen, damit sie gut belüftet werden.

Alles, was Sie dann noch brauchen, ist eine möglichst konstante Temperatur von mindestens 30 bis 50°C (bei Gemüse 50 bis maximal 70°C), die schon erwähnte gute Belüftung, damit die verdunstende Flüssigkeit gut entweichen kann, und vor allem ein bißchen Geduld und Ausdauer.

Der Trockenvorgang sollte zügig ablaufen; dabei sind besonders in der Anfangsphase längere Unterbrechungen möglichst zu vermeiden.

Am einfachsten ist es, wenn Sie an warmen Sommertagen mit möglichst geringer Luftfeuchtigkeit Früchte und Gemüse ganz oder zerteilt auf Sieben zum Trocknen auslegen. Allerdings können an einem Hochsommertag bei direkter Sonneneinstrahlung leicht Temperaturen von 70°C entstehen. In solchen Fällen sollten Sie für eine Beschattung durch ein Mulltuch sorgen; es ist dann gleichzeitig auch ein Schutz gegen Insekten.

Selbstgebauter Rahmen zum Trocknen

Sieb mit getrockneten Apfelscheiben und Aprikosen

Peperoni werden aufgefädelt.

Dabei sollten Sie hin und wieder das Trockengut kontrollieren, es umdrehen und fertig getrocknete Produkte aussortieren. Am Abend müssen die Siebe dann allerdings ins Haus geholt und bis zum Weitertrocknen am nächsten Morgen an einen trockenen, möglichst warmen Ort gestellt werden.

Da das Wetter in unseren Breiten oft recht unbeständig ist und ein großer Teil der Ernte im Herbst anfällt, können Sie auch auf gut belüfteten Dachböden, auf denen sich die Wärme gut hält, Ihre Früchte und Ihr Gemüse trocknen, oder aber auch die im Freien vorgetrockneten Produkte in der Nähe eines Kachelofens oder einer Heizung nachtrocknen.

Wer weder über einen Garten noch über einen Dachboden verfügt, trocknet und dörrt im Backofen. Einen konventionell beheizten Backofen stellt man dazu auf 50° C und läßt die Tür einen Spalt (Kochlöffel einklemmen) offen, damit die feuchte Luft entweichen kann. Sie sollten dabei mit so niedrigen Temperaturen wie möglich beginnen, das Trockengut ab und zu kontrollieren, drehen und aussortieren und auch die Siebe und Roste gelegentlich vertauschen. Bei saftreichen Früchten und Gemüse kann man, wenn es nötig ist, die Temperatur auf 60 bis 70° C steigern.

Wegen der Luftzirkulation geht das Trocknen im Heißluftherd bedeutend schneller als im normalen Backofen. Hier kann man die Backofentür geschlossen halten. Das Trockengut sollte allerdings auch ab und zu gewendet werden, weil es an den Auflagestellen länger feucht bleibt. Das Trocknen im Backofen hat allerdings den entscheidenden Nachteil, daß dieser für sehr lange Zeit blockiert ist und unter Umständen ausgeräumt werden muß, wenn man ihn zum Backen verwenden will.

Am einfachsten und praktischsten ist zweifellos das Trocknen und Dörren in einem elektrischen Dörrgerät (Bezugsquellen siehe Seite 119). Solch ein Dörrgerät hat einen Thermostat, mit dem man verschiedene Temperaturen einstellen kann. Auf diese Weise können dann auch sehr schonend bei ganz niedrigen Temperaturen (35° C) Kräu-

Stäbe werden in den Backofen gehängt.

ter und Pilze, bei höheren Temperaturen Gemüse und saftreiche Früchte getrocknet oder gedörrt werden. Je nach Fabrikat haben sie entweder herausziehbare Gitterrahmen oder aufeinander gesetzte Drahtsiebe. Dabei können bis zu sieben Siebe aufeinander gestapelt werden.

Die Wärme wird durch eine elektrische Heizspirale erzeugt, ein eingebauter Ventilator setzt sich durch die Wärme in Bewegung und sorgt für die Belüftung. Weil sich die Warmluft, je höher sie steigt, langsam abkühlt, trocknen die Lebensmittel auf den unteren Sieben schneller als auf den oberen. Es empfiehlt sich deshalb, ab und zu die Siebe untereinander auszutauschen, damit alles gleichmäßig trocknet.

Auf diese Weise können Sie einfach und praktisch mit verhältnismäßig wenig Energieaufwand trocknen und dörren. Eine solche Anschaffung lohnt sich auf jeden Fall, wenn Sie Obst und Gemüse regelmäßig und in größeren Mengen trocknen wollen. Bei uns ist das Gerät schon seit Jahren in Betrieb: im Frühjahr werden Rhabarberstückchen und dann Erdbeeren getrocknet; im Herbst läuft es dann jeden Tag, um die reiche Ernte von Äpfeln, Birnen und Zwetschgen aufzunehmen.

Elektrischer Dörrapparat

Die Dauer des Trockenvorganges

Genaue Angaben für die Dauer des Trockenvorganges kann man nicht machen. Zum einen sind sie bei jedem Trockengut verschieden, zum anderen richten sie sich ganz stark nach der Größe und Dicke des zu trocknenden Produkts, seinem Wassergehalt und nach der Temperatur und der Luftfeuchtigkeit des Ortes oder Raumes, in dem getrocknet wird.

Einige Faustregeln kann man allerdings geben: In der Sonne oder auf dem Dachboden sollte man Lebensmittel nicht länger als 4 Tage trocknen, anderenfalls ist ein Nachtrocknen im Backofen erforderlich.

Im Backofen und besonders auf den elektrischen Dörrgeräten geht es wesentlich schneller. Hier variieren die Zeiten je nach Trockengut zwischen 6 und 12 Stunden (im konventionell beheizten Backofen dauert es manchmal auch noch etwas länger).

Dabei können alle Zeitangaben nur ein ungefähres Maß darstellen, denn es sind beim Trocknen recht unterschiedliche Trocknungsgrade möglich: Gemüse kann man zum Beispiel ganz knusprig dörren und es später dann wie Chips verzehren. Obst kann nach dem Trocknen noch sehr weich sein, so daß es sich dann auch ohne Einweichen wunderbar verzehren läßt.

Allerdings, je mehr Flüssigkeit Obst und Gemüse noch enthält, desto eher kann es anfangen zu schimmeln.

Je trockener es ist, desto mehr verliert es an Gewicht und Volumen und desto härter kann es werden. Man muß es dann unter Umständen länger einweichen.

Um festzustellen, ob die Produkte genügend getrocknet sind, läßt man zur Probe einige Stücke auskühlen: Bohnen, Erbsen und Mais sollten hart sein, blättrig und in feine Streifen geschnittenes Gemüse knusprig.

Früchte und andere Gemüsearten fühlen sich ledrig an, das heißt, sie lassen sich leicht biegen, ohne zu zerbrechen. Werden sie zerschnitten, dürfen sich an ihrer Schnittkante keine Wassertröpfchen mehr bilden.

Aufbewahrung der getrockneten Produkte

Wenn Sie Ihre Früchte und Ihr Gemüse mit Geduld und Ausdauer getrocknet haben, stehen Sie vor dem Problem einer sachgemäßen Lagerung.

Früher wurde Getrocknetes in Leinensäckchen gefüllt und luftig aufgehängt. Auf diese Weise ist es zwar meist vor Staub, aber nicht vor Schädlingen ausreichend geschützt. Bei ungünstigen Raumtemperaturen und zu hoher Luftfeuchtigkeit kann sich Schimmel bilden; bei zu geringer Luftfeuchtigkeit kann das Trockengut noch nachtrocknen und dann unter Umständen unangenehm hart werden. Besser bewährt haben sich deshalb Gläser mit Schraubverschluß und fest verschließbare Blechdosen, in die Sie Ihre Trockenfrüchte und Ihr getrocknetes Gemüse nach dem Abkühlen füllen. Verwenden Sie dabei nicht zu große Gläser.

Trockenfrüchte und getrocknetes Gemüse werden am besten in Blechdosen oder Gläsern aufbewahrt. Am besten kleine Behälter, damit – falls Holz trotz aller Sorgfalt einmal verdirbt – der Schaden nicht zu groß ist.

Beschriften Sie die Behälter genau, denn das erleichtert Ihre Arbeit beim späteren Kochen und Backen.

Wie schon erwähnt, verlieren Obst und Gemüse beim Trocknen erheblich an Gewicht und Volumen. Durch die unterschiedlichen Trockengrade können sie die Hälfte bis ein Zehntel ihres Frischgewichts erreichen. Besonders beim Gemüse sollte man deshalb auf den Gläsern das Gewicht vor dem Trocknen notieren, denn dann kann man später ohne Schwierigkeiten in Rezepten statt der frischen die getrockneten Produkte in der richtigen Menge verwenden.

Wenn Sie Ihr Trockengut auf diese Weise luftdicht aufbewahren, spielt die Wahl des Aufbewahrungsortes nicht mehr eine so entscheidende Rolle. Die Gläser oder Dosen müssen also nicht mehr unbedingt auf dem Speicher lagern, sondern können durchaus ihren Platz neben anderem Eingelegten und Eingemachten im Keller finden. Allerdings ist darauf zu achten, daß sie stets dunkel stehen (also eventuell mit einem Tuch abdecken oder in einen Pappkarton stellen).

Während der ersten Wochen sollten Sie die Gläser auch ab und zu kontrollieren. Sollten sich an den Wänden der Gläser kleine Wassertröpfchen bilden, so müssen Sie sie öffnen und den Inhalt nachtrocknen.

Wenn Sie diese Dinge beachten, ist Ihr Trockengut theoretisch jahrelang haltbar.

Die Verwendung getrockneter Produkte

Das Obst

Getrocknete Früchte eignen sich ausgezeichnet zum Rohessen oder als Zugabe zum Müsli. Sie sind eine beliebte Knabberei und ein gesunder Süßigkeitenersatz (nicht nur für Kinder). Allerdings greifen sie wie alles Süße auch die Zähne an, wenn man diese nicht nach dem Essen putzt.

Trotzdem werden sie bei einer gesunden Ernährung wegen ihrer vielen Geschmacks- und Aromastoffe und ihres hohen Mineralstoffgehaltes als natürliches Süßungsmittel geschätzt und so auch beim Kochen und Backen verwendet. Besonders im Winter, wenn – abgesehen von importiertem Obst – außer Äpfeln keinerlei frisches Obst zur Verfügung steht, bringen sie viel Abwechslung in den Speisezettel.

Getrocknetes Obst kann als Füllung für Torten und Gebäck verwendet werden, es paßt zu Reisgerichten, zu Getreide- und Brotpudding, kann als Kompott zu Pfannkuchen, Kartoffelklößen, Joghurt und Quark gegeben werden. Außerdem kann man aus Trockenfrüchten auch Milchmixgetränke, Fruchtsuppen und -soßen, Chutneys und Marmelade herstellen.

Wenn Sie zum Kochen und Backen nicht Ihre eigenen, sondern gekaufte Trockenfrüchte verwenden, achten Sie darauf, daß diese nicht geschwefelt sind oder sonstige Zusätze enthalten. Ungeschwefeltes Trockenobst ist zwar etwas teurer, dafür wirkt es aber auch nicht gesundheitsschädigend. Schwefel wird bei der industriellen Trocknung von Obst eingesetzt, um die Farbe der Früchte besser zu erhalten und die Haltbarkeit zu verlängern. Bereits in kleinen Mengen zerstört Schwefel nämlich das Vitamin B_1 im Körper und behindert die Zellatmung, in größeren Mengen kann er sogar Erbrechen, Kopfschmerzen und Durchfall hervorrufen.

Außerdem sollten Sie gekaufte Trockenfrüchte vor der Verarbeitung auch gründlich waschen.

Ob Sie die Früchte dann einweichen, hängt zum einen von der späteren Verwendung, zum anderen auch davon ab, wie saftig beziehungsweise trocken sie sind.

Beim Einweichen sollten Sie das Obst dann nur knapp mit Wasser (oder Saft) bedecken und so lange quellen lassen, bis es weich, aber nicht matschig ist. Das dauert bei kleingeschnittenen Früchten mindestens ein bis drei, bei ganzen Früchten 4 bis 6 Stunden (oder über Nacht). Eventuell überschüssiges Einweichwasser können Sie zum Süßen weiterverwenden.

Bedenken Sie beim Ausprobieren von Rezepten, daß Sie maximal halb so viel Trockenobst verwenden sollten, wie frisches angegeben ist.

Das Gemüse

Da Gemüse in der Regel bei höheren Temperaturen und auch wesentlich länger als Obst getrocknet werden muß, sind auch die Verluste an wertvollen Inhaltsstoffen größer. Eine andere Konservierungsart ist daher oft besser, zum Beispiel das Lagern im Keller oder die Milchsäuregärung.

Trotzdem kann man aber auch getrocknetes Gemüse in einigen Fällen sehr gut gebrauchen. Weil es sehr viel an Gewicht und Volumen verliert, nimmt es bei der Lagerhaltung wenig Platz weg. Oft wird es aus diesem Grunde auch auf Reisen gerne mitgenommen. Da es sehr aromatisch im Geschmack ist, eignet es sich auch hervorragend als Würzmittel oder Bestandteil in Suppen und Soßen sowie Eintopfgerichten. Knusprig geröstete Gurken-, Melonen- oder Zucchinistückchen kann man auch wie Chips zwischendurch knabbern.

Beim Kochen muß dem Gemüse praktisch das Wasser wieder zugeführt werden, das ihm beim Trocknen entzogen wurde. Das kann auf zweierlei Weise geschehen: Sie übergießen das Gemüse mit Wasser und lassen es je nach Größe 6 Stunden oder über Nacht abgedeckt an einem kühlen Ort quellen. Das Einweichwasser sollten Sie dann aber unbedingt mit zum Kochen verwenden. Solches Gemüse wäre zum Beispiel für Eintöpfe ideal.

Gemüse, das in feine Streifen oder Würfel geschnitten und dann getrocknet wurde, eignet sich gut für Suppen und Soßen. Es wird einfach in die kochende Flüssigkeit gegeben und so lange gekocht, bis es weich ist.

Damit alles Gemüse weich und zart bleibt, salzen und würzen Sie es dann am besten erst nach dem Kochen.

Wie wird was getrocknet?

Hier erfahren Sie, welche Obst- und Gemüsesorten sich für diese Art des Haltbarmachens am besten eignen und wie Sie Obst, Gemüse, Pilze und Kräuter am besten vorbereiten sollten, damit diese so schnell und schonend wie möglich trocknen können.

Obst trocknen

Äpfel

Bei den Äpfeln eignen sich im Prinzip alle Sorten, besonders allerdings diejenigen, die auch als Lageräpfel verwendet werden; zum Beispiel Glockenapfel, Brettacher, Boskop, Goldparmäne usw. Der Golden Delicious wird zwar gern verwendet, weil er nicht so schnell braun wird, aber auch getrocknet ist er geschmacklich nicht sehr aromatisch.
Die geschälten oder ungeschälten Äpfel können, vom Kerngehäuse befreit und in dünne Spalten geschnitten, auf Sieben oder Rosten zum Trocknen ausgelegt werden. Gebräuchlicher ist es, die Äpfel mit Hilfe eines Apfelausstechers vom Kerngehäuse zu befreien und in etwa 1 cm dicke Ringe zu schneiden. Um ein Braunwerden zu vermeiden, werden sie kurz in Salzwasser gelegt. Anschließend fädelt man sie auf lange Schnüre und trocknet sie in der Nähe eines Ofens oder auf Holzstäben im Backofen. Lassen Sie die Äpfel nicht zu lange trocknen, sie sollten noch biegsam sein und sich ledrig anfühlen.

Äpfel werden in Scheiben geschnitten.

Äpfel werden in Salzwasser eingetaucht.

---- Tip ----

Verwendet man Fallobst, so sollte man die Druck- und Faulstellen sehr großzügig wegschneiden.
Auch die Apfelschalen von biologisch gezogenen Äpfeln kann man auf Dörrsieben trocknen. Aus ihnen kann man dann einen fruchtig-aromatischen Apfeltee zubereiten.

Apfelscheiben werden im Backofen getrocknet.

Aprikosen

Aprikosen eignen sich ganz hervorragend zum Trocknen. Große Früchte werden gewaschen, halbiert und entkernt und mit der Schnittfläche nach oben getrocknet.
Kleine Früchte brauchen Sie nur halb aufzuschneiden, so können Sie die entsteinten Früchte wie Zwetschgen wieder zusammenfalten.
Da Aprikosen leicht braun werden, tauchen Sie sie vor dem Trocknen vielleicht in etwas Zitronensaft.
Die Trockenzeit für Aprikosen ist relativ lang. Achten Sie beim Kauf von frischen Aprikosen unbedingt darauf, daß Sie eine aromatische Sorte erhalten.
Renekloden und Mirabellen trocknen Sie auf die gleiche Weise.

Bananen

Bananen eignen sich, in dünne Scheiben geschnitten oder auch halbiert, ganz ausgezeichnet zum Trocknen.
Verwenden Sie aber nur vollausgereifte Bananen; ihre Schale hat meist schon kleine braune Flecken, ihr Fruchtfleisch ist aber noch fest.

Birnen

In Süddeutschland und in der Schweiz werden kleine aromatische Birnen lediglich gewaschen und dann im Ganzen auf Rosten zum Trocknen ausgelegt.
Wesentlich schneller geht das Trocknen, wenn Sie die Birnen halbieren, vom Kerngehäuse befreien, bei Bedarf schälen und kurz in Salzwasser legen. Sie werden dann mit der Schnittfläche nach oben auf Rosten zum Trocknen ausgelegt.
Man kann sie aber auch wie Äpfel in Spalten oder in dünne Ringe schneiden und dann trocknen.
Achten Sie unbedingt darauf, daß Sie eine aromatische, gut ausgereifte Birnensorte trocknen, denn nur dann erhalten Sie den unvergleichlich intensiven süßen Geschmack der getrockneten Birnensorten.
Für Süßspeisen und Desserts eignen sich die getrockneten Birnen ausgezeichnet.

Erdbeeren

Auch Erdbeeren schmecken getrocknet ganz köstlich und sind so wesentlich geschmacksintensiver als die tiefgekühlten. Es dauert allerdings sehr lange, bis die ganze, lediglich entstielte Erdbeere getrocknet ist. Es empfiehlt sich daher, sie entweder zu halbieren oder in Scheiben zu schneiden und sie auf dem Dörrgerät oder im Backofen zu trocknen. Sie sind eine köstliche Näscherei, können aber auch ganz ausgezeichnet für Milchmixgetränke oder Quarkspeisen verwendet werden.

Feigen

Feigen werden bei uns meistens schon getrocknet zum Verkauf angeboten. Sie stammen vor allem aus der Türkei, Italien, Spanien und Griechenland.
Frische Feigen werden nur gewaschen und dann im Ganzen auf Sieben getrocknet.

Hagebutten

Hagebutten werden gewaschen und von Blütenansatz und Stiel befreit. Wollen Sie die Hagebutten später als Tee verwenden, können Sie die Früchte ganz lassen. Sie werden dann auf Sieben zum Trocknen ausgelegt.
Wollen Sie sie als Brotaufstrich oder Füllung für Kuchen verwenden, ist es besser, die Hagebutten aufzuschneiden und zu entkernen. Das Fruchtfleisch kann dann entweder auf Fäden aufgezogen oder aber auch auf Sieben getrocknet werden. Auch die Kerne kann man getrennt trocknen. Aus ihnen bereitet man dann – eventuell leicht geröstet – den Kernlestee zu.

Kirschen

Getrocknete Kirschen sind eine Delikatesse. Allerdings sollten Sie dabei eine gut ausgereifte fleischige Sorte verwenden. Wenn Sie die Kirschen mit Stein trocknen, dauert der Trockenvorgang sehr lange, und Sie können sie später dann eigentlich nur zum Knabbern verwenden, weil sich der Stein im getrockneten Zustand kaum herauslösen läßt.
Entsteinen Sie die Kirschen, warten Sie mit dem Trocknen so lange, bis kein Saft mehr

Zwetschgen werden als Ganzes getrocknet. Sie werden ebenso wie andere Früchte auf Sieben zum Trocknen ausgelegt.

abläuft. (Den Saft kann man auffangen und für Süßspeisen verwenden.) Danach werden die entsteinten Kirschen im Backofen oder auf dem elektrischen Dörrgerät so lange getrocknet, bis sie etwa so klein und schrumpelig wie Rosinen aussehen.

Nüsse
Nüsse werden am besten auf flachen Obststeigen an einem sonnigen, luftigen Platz im Freien getrocknet und dabei ab und zu hin- und hergeschüttelt. Danach bewahrt man sie in der Schale in Körben oder Leinensäckchen an einem trockenen Platz auf.

Pfirsiche
Pfirsiche werden beim Trocknen wie Aprikosen behandelt. Um den Trockenvorgang zu beschleunigen, kann man sie allerdings auch in Scheiben schneiden.

Rhabarber
Zarte, dünne Rhabarberstangen eignen sich ganz ausgezeichnet zum Trocknen. Sie werden in etwa 1 bis 2 cm große Stücke geschnitten und auf dem elektrischen Dörrgerät oder im Backofen getrocknet.
Sie eignen sich später zum Knabbern oder aber auch als Kompott.

Stachelbeeren
Stachelbeeren können vor dem Trocknen kurz in heißes Wasser getaucht und dann abgetropft auf Sieben zum Trocknen ausgelegt werden. Um ein gutes Trockenergebnis zu erhalten, müssen die Beeren oft gewendet werden.
Der Trockenvorgang dauert sehr lange.
Heidelbeeren und schwarze Johannisbeeren werden auf die gleiche Weise getrocknet.

Weintrauben
Weinbeeren werden von der Traube abgezupft und können dann wie Stachelbeeren getrocknet werden. Es empfiehlt sich allerdings, eine kernlose Sorte zu nehmen, weil Sie sonst nach dem Trocknen hauptsächlich Kerne, aber wenig Fruchtfleisch schmecken.

Zitronenschale
Wenn Sie die Möglichkeit haben, unbehandelte Zitronen oder auch Orangen zu kaufen, sollten Sie diese sorgfältig schälen oder die Schale grob abreiben.
Getrocknet ist die Schale nämlich ein unentbehrliches Würzmittel beim Kochen und Backen.

Zwetschgen

Zwetschgen eignen sich vorzüglich zum Trocknen. Verwenden Sie nur ganz reife Früchte, die Haut kann sich dabei am Stiel ruhig schon kräuseln.
Die Früchte werden im Ganzen getrocknet. Wenn Sie sie entsteinen, schneiden Sie die Früchte nur so weit auf, daß Sie den Stein mühelos entfernen können, und klappen sie zum Trocknen wieder zusammen.
Die Zwetschgen haben zwar eine lange Trockenzeit, trotzdem sollten sie aber auf keinen Fall zu lange getrocknet werden: sie sollten nicht hart, sondern weich sein.

Gemüse trocknen und dörren

Blumenkohl

Blumenkohl wird zum Trocknen in Röschen zerteilt. Zarte Teile des Strunks können, in dünne Scheiben geschnitten, ebenfalls getrocknet werden.
Blumenkohl wird beim Trocknen braun, erhält aber nach dem Kochen seine übliche Farbe wieder.

Bohnen

Junge, zarte Bohnen werden in kochendem Wasser etwa 2 Minuten blanchiert und zum Abtropfen ausgelegt.
Anschließend kann man sie entweder mit einer Nadel auf einen starken Faden aufziehen oder aber auch locker auf Siebe legen.

Bohnen werden auf Fäden gezogen zum Trocknen aufgehängt.

Im Backofen oder auf einem elektrischen Dörrgerät trocknen sie in 5 bis 10 Stunden, in der Nähe eines Ofens etwa 3 Tage.

Brennesseln

Brennesseln werden wie Spinat getrocknet. Man kann sie entweder als Tee verwenden oder aber auch einen Teil bei der Zubereitung von Gemüsesuppen mitkochen, denn sie sind nicht nur sehr mineralstoffreich, sondern haben auch noch andere gesundheitsfördernde Inhaltsstoffe.

Hülsenfrüchte

Seit Jahrhunderten gehören Hülsenfrüchte zu den Gemüsen, die in getrockneter Form in unseren Küchen Verwendung finden.
Wenn Sie Hülsenfrüchte nicht kaufen, sondern selber ernten wollen, lassen Sie die Pflanzen voll ausreifen. Auf diese Weise trocknen dann die Samen schon an der Pflanze, so daß Sie sie nur noch aus den Hülsen lösen müssen. Auf Packpapier lassen Sie sie dann etwa eine Woche nachtrocknen, bis sie vollkommen hart sind.
Läßt das Wetter es nicht zu, die Samen an der Pflanze voll ausreifen zu lassen, breiten Sie zunächst die Hülsen zum Trocknen aus. Wenn diese brüchig werden, verfahren Sie wie oben beschrieben.
Hülsenfrüchte sollten vor dem Kochen etwa 12 Stunden eingeweicht werden; dieser Vorgang verkürzt die Kochzeit erheblich.

Kohlrabi

Zarte Kohlrabi werden geschält und in etwa 4 bis 5 mm dicke Scheiben oder Streifen geschnitten. Anschließend werden sie auf Sieben getrocknet.

Lauch

Der Lauch wird in 0,5 bis 1 cm dicke Ringe geschnitten und auf Sieben getrocknet.
Durch seine Winterhärte ist der Lauch jedoch immer verfügbar, so daß man ihn eigentlich nur für Gemüsemischungen zu trocknen braucht.

Möhren

Die geputzten Möhren werden in 0,5 cm dicke Scheiben geschnitten und auf Sieben getrocknet.
Da man sie gut in Sand aufbewahren kann, sind sie eigentlich jederzeit frisch verfügbar, so daß man sie nur für besondere Gemüsemischungen trocknen sollte.

Paprika

Paprika ist ein klassisches Dörrgemüse. Er wird in feine Streifen geschnitten und auf Sieben getrocknet. So ist er bestens als Würze für Suppen oder Soßen zu verwenden.
Sie können Paprika aber auch halbieren oder vierteln, auf Fäden ziehen, im Halbschatten aufhängen und 2 bis 3 Tage trocknen lassen. Eventuell ist dann ein Nachdörren im Backofen nötig.

Spinat

Man läßt die gewaschenen Blätter gut abtropfen, legt sie dann locker auf Siebe und dörrt sie in 2 bis 4 Stunden.
Nach dem Dörren lassen sie sich leicht zerreiben. Getrockneter Spinat schmeckt gut in Sahne oder Milch gekocht, man kann damit auch ein Kartoffelpüree oder ein Omelett würzen.

Suppengemüse

Sie trocknen für eine Portion etwa 500 g Lauch, Sellerie, Möhren, Petersilienwurzeln, Weißkohl und Brennesselblätter zusammen und bewahren die Mischung in kleinen Schraubgläsern auf.

--- Tip ---

Für einen Gemüseeintopf können Sie für eine Portion zum Beispiel 750 g Frischgemüse wie Möhren, Spargel, Blumenkohl, Kohlrabi und Erbsen zusammen trocknen und aufbewahren oder die bereits getrockneten Gemüse zu einer Gemüsemischung zusammenstellen.

Suppengrün

Eine Möhre, eine kleine Stange Lauch, ein Stück Sellerie und eine Petersilienwurzel werden in dünne Scheiben und Ringe geschnitten und zusammen getrocknet und aufbewahrt. Die Mischung eignet sich hervorragend zum Würzen von Suppen und Soßen.

Tomaten

Tomaten eignen sich gut zum Trocknen. Fleischige Tomaten werden halbiert, eventuell mit etwas Kräutersalz bestreut und mit der Schnittfläche nach oben auf Sieben getrocknet.
Man kann die Tomaten auch in Scheiben schneiden. Sie lassen sich nach dem Trocknen leicht von den Sieben lösen. In einem Mörser kann man sie zu Pulver zerdrücken und anstelle von Tomatenmark zum Würzen für Suppen und Soßen verwenden.

Weißkohl und Wirsing

Beide werden geputzt, in dünne Streifen geschnitten und auf Sieben getrocknet. Sie sind fertig, wenn sie knusprig sind.
Da sich Kohl gut lagern und sehr gut milchsauer einlegen läßt, trocknet man ihn höchstens für bestimmte Gemüsemischungen.

Zucchini

Zucchini eignen sich ausgezeichnet zum Trocknen. Ihr typischer Geschmack bleibt so viel besser erhalten als etwa beim Tiefgefrieren.
Zum Trocknen werden sie in etwa 1 cm dicke Scheiben oder Würfel geschnitten und nebeneinander auf Siebe gelegt.
Will man sie später als Chips essen, kann man sie vor dem Trocknen zum Beispiel mit Kräutersalz oder Paprika bestreuen.
Kürbisse und Gurken werden auf die gleiche Weise getrocknet.

Zwiebeln

Besonders rote Zwiebeln kann man in Scheiben geschnitten auf Sieben trocknen. Sie eignen sich dann sehr gut als Würze zum Beispiel beim Brotbacken.

Pilze werden zum Trocknen ganz oder halbiert aufgefädelt.

Pilze trocknen

Pilze eignen sich – bis auf wenige Ausnahmen – sehr gut zum Trocknen. Besonders nach einer großen Pilzschwemme, wenn längst nicht alle Pilze sofort verbraucht werden können, können sie auf diese Weise über einen längeren Zeitraum konserviert werden.
Getrocknete Pilze halten sich je nach Sorte etwa 6 bis 12 Monate.
Am besten ist es, wenn Sie die gesammelten oder gekauften Pilze nicht waschen, sondern nur putzen und von Wurmstellen befreien. Kleine Pilze können Sie im Ganzen trocknen, große werden in Scheiben geschnitten. Pilze müssen immer langsam bei niedrigen Temperaturen trocknen, denn wenn sie zu heiß werden, verderben sie.
Gut bewährt hat sich daher das Auffädeln. An einem trockenen, warmen, luftigen Ort (Dachvorsprung, Speicher oder Kachelofennähe) werden sie so in etwa 2 Tagen getrocknet. Es ist auch möglich, sie im Backofen oder auf einem elektrischen Dörrgerät zu trocknen, allerdings nur bei den niedrigsten Temperaturen.
Während des Trocknens verlieren Pilze etwa 90% ihres Gewichts. Fertig getrocknet sind sie daher erst, wenn sie brechen.
Besonders gut zum Trocknen geeignet sind Champignons, Steinpilze, Butterpilze, Birkenpilze und Maronenröhrlinge. Diese Sorten können roh ohne vorheriges Blanchieren getrocknet werden.
Rotkappe, Violetter Ritterling und Speisemorchel sollten Sie vor dem Trocknen kurz blanchieren.
Diese Aufzählung ist jedoch keineswegs vollständig. Angaben über andere Pilzsorten finden Sie in einschlägigen Pilzbüchern.
Wollen Sie Pilze nur zum Würzen verwenden, können Sie sich eine Art Würzpulver aus einer oder verschiedenen Pilzsorten herstellen. Dabei werden die brüchigen Pilze im Mörser zerstampft, miteinander vermischt und dann in gut verschließbaren Schraubgläsern aufbewahrt. Dieses Pulver können Sie direkt zu den Speisen geben.

Kräuter trocknen

Kräuter eignen sich sehr gut zum Trocknen. Einige Regeln sollten Sie allerdings beachten, damit bei Ihren getrockneten Kräutern die volle Würz- und Heilkraft erhalten bleibt.

Nur durch ein sorgfältiges Sammeln und Ernten erhalten Sie nämlich auch ein gutes Trockenergebnis.

Am besten werden Küchen-, Tee- und auch Wildkräuter am Vormittag gesammelt, bei trockenem, sonnigem Wetter, wenn der Morgentau bereits abgetrocknet ist.

Wollen Sie nur Blätter ernten, nehmen Sie von jeder Pflanze nur wenige, möglichst junge, aber vollausgereifte Blätter.

Blüten werden nicht während ihrer vollen Blüte, sondern zu Beginn der Blütezeit gepflückt.

Früchte müssen ganz reif, aber dürfen noch nicht überreif sein.

Wurzelteile werden am besten im Herbst ausgegraben.

Wollen Sie die ganze Pflanze ernten, empfiehlt es sich, sie kurz vor der Blüte abzuschneiden, denn zu diesem Zeitpunkt besitzt sie die größte Würz- und Heilkraft. Möglichst gleich nach dem Sammeln im Garten oder in der freien Natur oder nach dem Kauf sollten Sie mit dem Trocknen beginnen.

Möglichst ungewaschen (gewaschene Kräuter tupft man vorsichtig trocken) faßt man ganze Küchenkräuter und Heilkräuter zu lockeren Sträußen zusammen und hängt sie kopfüber an einem luftigen, schattigen, warmen Ort zum Trocknen auf, niemals in der prallen Sonne. Diese Methode hat den Vorteil, daß die ätherischen Öle aus den Stengeln in die Blätter ziehen und nicht durch zu große Hitze zerstört werden können.

Blüten, einzelne Blätter, Früchte und Wurzelstücke breiten Sie am besten auf Sieben oder mit durchlässigem Stoff bespannten Rosten aus.

Bedenken Sie, falls Sie im Backofen oder auf einem elektrischen Dörrgerät trocknen wollen, daß Blüten und Blätter Temperaturen über 35°C, Wurzelstücke Temperaturen über 45°C im allgemeinen nicht vertragen.

Trocken sind die Kräuter, wenn die Blätter rascheln, die Stengel sich leicht brechen lassen und die Früchte und Wurzelstücke hart sind. Nach dem Trocknen streift man die Blätter vorsichtig von den Stielen. Will man sie für Tees verwenden, läßt man sie ganz, sonst werden sie leicht gerebelt.

Aufbewahrt werden sie getrennt nach Sorten (ausgenommen spezielle Mischungen) in Schraubgläsern oder Blechdosen. Getrocknete Kräuter müssen unbedingt dunkel stehen. Licht und Luft verändern nämlich nicht nur die Farbe, sondern auch das Aroma der Kräuter.

Nicht alle Küchenkräuter eignen sich gleich gut zum Trocknen.

Besonders geeignet sind:

Thymian, Rosmarin, Oregano, Majoran, Lavendel, Bohnenkraut, Estragon, Basilikum und Minze.

Liebstöckel, Dill, Borretsch, Ysop, Pimpinelle und Melisse verlieren zwar nach dem Trocknen etwas von ihrer Würzkraft, sind aber für getrocknete Kräutermischungen durchaus gut geeignet. Das gleiche gilt für Schnittlauch und Petersilie.

Bei Anis, Fenchel, Koriander und Kümmel werden die Früchte der Pflanzen verwendet. Sie sollten möglichst lange ausreifen. Hängen Sie die Fruchtstände dann kopfüber auf, und breiten Sie darunter ein Stück Papier aus, auf dem Sie die herunterfallenden Samen auffangen. Danach legen Sie die Samen noch einige Tage zum Nachtrocknen aus. Ganz oder gemahlen finden sie beim Kochen und Backen ihre Verwendung.

Zum Kochen können Sie sich auch leicht spezielle Kräutermischungen aus verschiedenen Kräutern zusammenstellen.

Dafür können Sie die Kräuter schon gleich in Mischungen trocknen oder aus den fertig getrockneten Kräutern eine Kräutermischung nach Bedarf auch in kleinen Mengen herstellen.

Provenzalische Kräutermischung:
je 1 Teil Bohnenkraut, Lavendel und Rosmarin; je 2 Teile Basilikum, Thymian und Oregano

Italienische Kräutermischung:
5 Teile getrocknete, zerkleinerte Tomaten; je 2 Teile getrocknete Zwiebeln, Basilikum und Majoran; je 1 Teil getrockneter Knoblauch, Schnittlauch, Petersilie, Liebstöckel und Estragon

Salatgewürzmischung:
je 2 Teile Petersilie, Kerbel, Schnittlauch, Dill, Borretsch, Zitronenmelisse, Thymian, Basilikum; je 1 Teil Liebstöckel und Estragon

Brotgewürzmischung:
4 Teile Kümmel, 2 Teile Koriander, je 1 Teil Anis und Fenchel

Hausteemischung:
Brombeer-, Himbeer-, Erdbeer-, schwarze Johannisbeer- und Haselnußblätter, Heideblüten, Blüten von Ringel- und Schlüsselblumen und Borretsch, Pfefferminze, Thymian, Fenchel, Koriander, Kümmel, Melisse, Hagebuttenschale und Hagebuttenkerne.

―――――― Tip ――――――

Sie können einige Sorten weglassen, andere bevorzugen. Finden Sie Ihre eigene Teemischung, probieren Sie aus, was Ihnen schmeckt.

Kräuter werden zu lockeren Sträußen gebunden und kopfüber aufgehängt.

Schweizer Birnentorte

Sie benötigen:

200 g feingemahlenen Weizen
1 großes Ei
80 g Butter
etwa 80 g Honig
1 TL Zimt
200–400 g getrocknete Birnenschnitze (wenn die Birnen sehr stark getrocknet sind, benötigen Sie weniger)
1 TL Zimt
2 EL Kirschwasser
50 g gehackte Walnüsse
¼ l süße Sahne
⅛ l Milch
1 Ei
1 EL Kirschwasser
1 EL feingemahlenen Weizen

Und so wird's gemacht:

1. Aus dem Vollkornmehl, dem Ei, der Butter, dem Honig und dem Zimt einen glatten Teig kneten, eine gefettete Pieform damit auslegen, dann in den Kühlschrank stellen und für mindestens 30 Minuten ruhen lassen.
2. Die mindestens 4 Stunden eingeweichten Birnenschnitze pürieren und in einer Schüssel mit dem Zimt, Kirschwasser und den Walnüssen mischen.
3. Das Obstmus auf den Teig streichen.
4. Die Sahne mit der Milch, dem Ei, dem Kirschwasser und dem Vollkornmehl verquirlen und vorsichtig über das Obstmus gießen.
5. Die Form auf die mittlere Leiste in den kalten Backofen schieben und etwa 45 bis 50 Minuten backen.

Linzer Torte

Sie benötigen:

250 g getrocknete Aprikosen
3 EL Cointreau oder Orangensaft
125 g Butter
100 g Honig
1 Ei
1 TL Kakao
1 EL Rum
100 g Mandeln
250 g feingemahlenen Weizen
1 Eiweiß

Und so wird's gemacht:

1. Die Aprikosen knapp mit Wasser bedeckt für etwa 3 Stunden einweichen, danach im Mixer pürieren und mit dem Cointreau oder Orangensaft abschmecken.
2. Die Butter mit dem Honig schaumig rühren, das Ei, den Kakao und den Rum dazugeben. Zusammen mit den gemahlenen Mandeln und dem Vollkornmehl zu einem glatten Teig verrühren und etwa 2 Stunden im Kühlschrank ruhen lassen.
3. Eine Springform mit Butter einfetten und etwa zwei Drittel des Teiges darauf ausrollen. Das Aprikosenmus darauf verteilen.
4. Das Eiweiß steif schlagen und unter das restliche Drittel des Teiges rühren. In einen Spritzbeutel füllen und die Torte mit einem Gitter oder einem beliebigen anderen Muster verzieren.
5. In den kalten Backofen schieben und bei 180° C auf der mittleren Leiste etwa 60 Minuten backen.
6. Vor dem Verzehr mindestens einen Tag durchziehen lassen.

Rezepte 47

Fruchtsuppe

Sie benötigen:

etwa 200 g getrocknete Früchte nach Geschmack
(Kirschen, Zwetschgen, Aprikosen)
½ Vanillestange
1 l Wasser
40 g feingemahlenen Weizen
Zitronensaft und Honig nach Geschmack

Und so wird's gemacht:
1. Die ganzen getrockneten Früchte werden für mindestens 6 Stunden oder über Nacht in etwa ¼ l Wasser eingeweicht.
2. Am nächsten Tag werden sie zerkleinert, mit der Vanillestange und 1 l Wasser aufgekocht, bei schwacher Hitze gegart und nach Belieben passiert.
3. Das Vollkornmehl mit etwas Wasser verrühren und zur Suppe geben. Diese wird noch einmal aufgekocht und dann nach Geschmack mit Zitronensaft und Honig gewürzt.
4. Serviert wird die Fruchtsuppe kalt oder warm mit Suppenmakronen, Getreideklößchen, Zwieback oder gesüßten Eischneeflöckchen.

Marmelade aus getrockneten Früchten

Sie benötigen:

etwa 250 g getrocknete Früchte
(Kirschen, Zwetschgen, Erdbeeren, Äpfel, Birnen und Rosinen)

Und so wird's gemacht:
1. Die getrockneten Früchte sehr klein schneiden und knapp mit Wasser bedeckt für etwa 3 bis 4 Stunden einweichen.
2. Wenn Sie zum Einweichen statt des Wassers einen Fruchtsaft verwenden, schmecken die Marmeladen noch aromatischer.
3. Anschließend werden die eingeweichten Früchte im Mixer püriert, nach Bedarf mit etwas Honig oder Zitronensaft abgeschmeckt und eventuell mit Zimt, Vanille und ein paar gemahlenen Nüssen verfeinert.
4. In Schraubgläser abgefüllt, hält sich die Marmelade etwa 14 Tage im Kühlschrank. Auf diese Weise können Sie den ganzen Winter über immer wieder frisch eine aromatische Marmelade herstellen.
(Vergleiche auch Seite 102)

Rhabarberkompott

Sie benötigen:

100 bis 150 g getrockneten Rhabarber
⅛ l Apfelsaft zum Einweichen
⅛ l Apfelsaft
30 g feingemahlenen Weizen
50 bis 100 g Rosinen oder getrocknete Aprikosen
½ TL Zimt
Honig nach Geschmack
100 g Sahne
70 g blättrig geschnittene Mandeln

Und so wird's gemacht:
1. Die getrockneten Rhabarberstücke für etwa 3 Stunden im Apfelsaft einweichen.
2. ⅛ l Apfelsaft in einem Kochtopf erhitzen, das Vollkornmehl einrühren, aufkochen lassen und die eingeweichten Rhabarberstücke sowie die Rosinen hinzugeben. Etwa 2 Minuten sachte kochen und anschließend 5 bis 10 Minuten auf der ausgeschalteten Herdplatte ziehen lassen.
3. Mit Zimt und etwas Honig würzen.
4. Die steifgeschlagene Sahne unter die abgekühlte Masse heben und das Kompott für etwa eine halbe Stunde in den Kühlschrank stellen.
5. Mit Mandelblättchen bestreut servieren.

Quittenbrot

Sie benötigen:
1500 g Quitten
gut ¼ l Wasser
100 g Honig

Und so wird's gemacht:
1. Die Quitten abreiben, achteln, vom Kerngehäuse befreien und in einem großen Topf mit dem Wasser weichkochen.
2. Anschließend durch ein Sieb streichen, den Honig hinzufügen und unter ständigem Rühren so lange kochen, bis die Masse dick und leicht bräunlich wird.
3. Man kann die Masse nach Geschmack mit Zimt, abgeriebener Zitronen- oder Orangenschale und gehackten Mandeln würzen.
4. Die Fettpfanne des Backofens gut einfetten, das Mus etwa fingerdick darauf verteilen und glattstreichen.
5. Auf die mittlere Leiste in den Backofen schieben. Bei geöffneter Backofentür bei 50°C etwa 4 Stunden trocknen.
6. Mit einem Tuch bedeckt, sollte das Quittenbrot dann noch weitere 12 bis 24 Stunden in Ofennähe weitertrocknen.
7. Es wird in Rauten oder Würfel geschnitten und in Blechdosen aufbewahrt.

Variation

Fruchtschnitten
Statt der Quitten können Sie auch jede andere beliebige Obstart oder auch Mischungen verwenden. Allerdings wird das Obst dann nicht wie bei den Quitten zu Mus gekocht, sondern einfach püriert, nach Geschmack mit etwas Honig gesüßt und in die Fettpfanne gestrichen. Statt der Fettpfanne können Sie auch Siebe verwenden, die Sie mit Alufolie auslegen.

Gemüsesuppe

Sie benötigen:

4 EL Öl
1 Zwiebel
40 g getrocknete Erbsen
30 g getrocknete, weiße Bohnen
etwa 150 g getrocknetes Gemüse
(Lauch, Möhren, Sellerie, Wirsingkohl
und Blumenkohlröschen)
1½ l Gemüsebrühe
100 g Vollkornnudeln
2 TL Tomatenpulver
Pfeffer
Salz
Oregano
Basilikum
Thymian
eine Spur Rosmarin
geriebener Käse zum Bestreuen

Und so wird's gemacht:

1. Die Erbsen und die Bohnen über Nacht in Wasser einweichen.
2. Die feingeschnittenen getrockneten Gemüse 4 bis 6 Stunden knapp mit Wasser bedeckt quellen lassen.
3. Die feingeschnittene Zwiebel in Öl glasig dünsten.
4. Die Erbsen, die Bohnen und die Gemüsemischung mitsamt dem Einweichwasser dazugeben. Mit der Gemüsebrühe auffüllen und etwa 30 bis 40 Minuten auf kleiner Flamme kochen lassen.
5. In den letzten 10 Minuten die Vollkornnudeln mitkochen.
Den Eintopf kräftig mit dem Tomatenpulver und den Gewürzen abschmecken. Bei Tisch mit Käse bestreuen.

Ratatouille

Sie benötigen:

50 g getrocknete Zucchini
50 g getrocknete Paprika
50 g getrocknete Auberginen
50 g getrocknete Tomaten
150 g Zwiebeln
2 Knoblauchzehen
3 EL Olivenöl
¼ l Gemüsebrühe
2 Lorbeerblätter
1 TL Pfeffer
½ TL Thymian
½ TL Oregano
½ TL Rosmarin
etwas Kräutersalz
1 EL Obstessig

Und so wird's gemacht:

1. Die Zucchini, Paprika, Auberginen und Tomaten können über Nacht knapp mit Wasser bedeckt eingeweicht werden.
2. Die kleingeschnittenen Zwiebeln mit den zerdrückten Knoblauchzehen am nächsten Tag im Öl glasig dünsten.
3. Das eingeweichte Dörrgemüse, die Gemüsebrühe und die Lorbeerblätter hinzugeben und in etwa 30 Minuten auf kleiner Flamme weich dünsten.
4. Die Lorbeerblätter entfernen, das Gemüse kräftig mit den Gewürzen und dem Obstessig abschmecken und zu Baguette, Reis oder Vollkornnudeln servieren.

Pilzgulasch

Sie benötigen:

etwa 100 bis 150 g gemischte, getrocknete Pilze
3 große Zwiebeln
3 EL Öl
1 EL Tomatenmark
2 rote Paprika
1 TL Liebstöckel
⅛ l Gemüsebrühe
Paprika, Kräutersalz
⅛ l saure Sahne
eventuell 1 Bund Petersilie

Und so wird's gemacht:

1. Die Pilze über Nacht knapp mit Wasser bedeckt einweichen.
2. Die in Ringe geschnittenen Zwiebeln kräftig im Öl anbraten. Die eingeweichten Pilze, die in Streifen geschnittenen Paprika und den Liebstöckel hinzufügen und, wenn nötig, mit der Gemüsebrühe ablöschen.
3. In etwa 20 bis 30 Minuten weich dünsten.
4. Das Tomatenmark dazugeben und das Gulasch mit Paprika und Kräutersalz abschmecken.
5. Die saure Sahne unterziehen und das Gericht nach Wunsch mit der gehackten Petersilie bestreuen.

Die Milchsäuregärung

Die Milchsäuregärung als Konservierungsmittel ist heute viel zu wenig bekannt, obwohl das Wissen darüber bereits Tausende von Jahren alt ist.

Schon die alten Römer bedienten sich dieser Konservierungsmethode. Sie stellten eine Art Sauerkraut her, das sie in Tonkrügen aufbewahrten. Sie schätzten es wegen seines herzhaften Geschmacks, nahmen es aber auch auf Schiffsreisen zur Vorbeugung gegen Krankheiten mit.

Aber sogar schon etliche Jahrtausende früher war so ein Sauerkraut den Chinesen bekannt. Sie überbrückten ebenfalls nicht nur Versorgungslücken mit diesem milchsauren Kohl, sondern verordneten seinen Saft bereits bei den verschiedensten Krankheiten als Heilmittel.

Sie sehen, auch wenn die Deutschen als »Sauerkrautesser« schlechthin gelten, wurde dieses nicht bei uns erfunden.

Auch in Europa hatte das Sauerkraut bereits im 18. Jahrhundert einen legendären Ruf erworben und damit Geschichte gemacht: Kapitän James Cook nahm damals für seine Weltumsegelung Sauerkrautfässer mit an Bord. Seine Seeleute blieben dadurch während der drei Jahre dauernden Fahrt vor der gefürchteten Seefahrerkrankheit Skorbut (Vitamin-C-Mangelerkrankung) verschont, der vorher manchmal ganze Schiffsbesatzungen zum Opfer gefallen waren.

Daß man aber nicht nur Kohl in Form von Sauerkraut auf diese Weise haltbar machen kann, sehen wir besonders in allen Balkanländern und in der Sowjetunion. Dort werden auch andere Kohlsorten, rote Bete, Gurken, Kürbisse, Bohnen, Pilze und ganze Gemüsemischungen mit Hilfe von Milchsäure konserviert und besonders im Winter verzehrt.

Auf der Suche nach alternativen Konservierungsmethoden kommt der Milchsäuregärung heute wieder eine besondere Bedeutung zu. Man kann über sie eigentlich nur Gutes berichten: so benötigt man sowohl für das Verfahren selbst als auch für die spätere Lagerung keinerlei Energie. Darüber hinaus ist die Methode denkbar einfach, macht nicht viel Arbeit und kann von jedem ohne großen Aufwand und besondere Hilfsmittel schnell und mühelos durchgeführt werden. Dabei ist alles Konservierte bis ins nächste Frühjahr hinein haltbar. Im Gegensatz zu allen anderen Konservierungsmethoden haben auf diese Weise haltbar gemachte Lebensmittel einen hohen gesundheitlichen Wert: sie bleiben roh, das bedeutet, daß sie keine Einbußen an Vitaminen, Enzymen und sonstigen wertvollen Inhaltsstoffen erfahren. Im Gegenteil, während des Gärprozesses bilden die Milchsäurebakterien noch zusätzliche Vitamine, vor allem das wichtige Vitamin B_{12}, und Enzyme, die sich ebenfalls positiv auf den Stoffwechsel des menschlichen Körpers auswirken können.

Da während der Gärung die Kohlenhydrate im Gemüse von den Milchsäurebakterien umgesetzt, das heißt quasi vorverdaut werden, ist dieses leicht bekömmlich und wird oft zu Diätzwecken eingesetzt.

Sie sehen, genau wie früher wird auch heute milchsaures Gemüse nicht allein als Lebensmittel, sondern auch als Heilmittel bei verschiedenen körperlichen Beschwerden verwendet.

Milchsäurebakterien

Milchsäurebakterien gibt es überall. Sie befinden sich auf der Oberfläche aller Pflanzen, es gibt sie in der Milch, aber auch im menschlichen und tierischen Körper. Dort sorgen sie zum Beispiel dafür, daß auf den Schleimhäuten, im Mund, auf der Haut und im Darmkanal Milchsäure entsteht. Diese Milchsäure umgibt uns praktisch wie eine Hülle. Sie schützt uns und verhindert die Entwicklung von Fäulniserregern und Krankheitskeimen von außen.

Die Milchsäuregärung 53

Milchsäure – soviel sei zu Ihrer näheren Information gesagt – kommt in zwei optisch aktiven Formen vor: als linksdrehende (D–) und als rechtsdrehende (L+) Milchsäure.

Im menschlichen Organismus wird bei den Stoffwechselprozessen überwiegend rechtsdrehende Milchsäure erzeugt, die dann von Enzymen weiterverarbeitet wird, ohne den Körper zu belasten.

Die linksdrehende Milchsäure wird uns hauptsächlich über die Nahrung zugeführt.

Lange Zeit glaubte man, daß der menschliche Körper die linksdrehende Milchsäure nicht verwerten kann. Inzwischen hat sich aber bei Gesunden keine schädigende Wirkung gezeigt, man fand sogar heraus, daß der menschliche Skelettmuskel in geringem Umfang auch linksdrehende Milchsäure produziert und diese abgebaut werden kann.

Trotzdem bevorzugen wir bei der Ernährung Produkte, die überwiegend rechtsdrehende (L+) Milchsäure enthalten. Dies ist zum Beispiel bei Joghurt, Kefir, Sauermilch usw. der Fall. Bei der Sauerteigherstellung für das Brotbacken und bei der Milchsäuregärung entstehen beide Milchsäuren, allerdings überwiegend die rechtsdrehende Form.

Der gesundheitliche Wert von milchsaurem Gemüse

Da Sauerkraut schon sehr lange als Heilmittel verordnet wird und außerdem auch noch ein sehr beliebtes Lebensmittel ist, liegt es nahe, daß es in bezug auf seine Inhaltsstoffe sehr genau analysiert wurde. Ernährungsphysiologisch gesehen kann man aber sagen, daß anderes milchsaures Gemüse einen ähnlichen gesundheitlichen Wert hat.

So werden bei der Milchsäuregärung Kohlenhydrate zu Milchsäure abgebaut. Diese bewirkt eine Lockerung des Zellgefüges und führt damit zu einer besseren Verdaulichkeit und Bekömmlichkeit.

Eiweiß und Fette des frischen Krautes bleiben erhalten. Ebenso die wichtigen Vitamine A, B_1, B_2, B_6 und C, D, E und K, Mineralstoffe und Spurenelemente wie Natrium, Kalium, Kalzium, Eisen, Phosphor und Mangan. Auch alle für die Verdauung wichtigen Ballaststoffe und Enzyme sind noch vorhanden.

Außerdem entsteht beim Gärprozeß das wichtige Vitamin B_{12}, das für die Blutbildung verantwortlich ist und in frischer Pflanzennahrung sonst nicht vorkommt.

Milchsaures Gemüse regt die Leber- und Nierentätigkeit an und wirkt daher entwässernd; Stoffwechselprodukte werden vermehrt ausgeschieden.

Diabetiker können milchsaures Gemüse fast anrechnungsfrei genießen, weil – wie schon erwähnt – blutzuckererhöhend wirkende Kohlenhydrate bereits abgebaut sind. Außer-

»... eben geht mit einem Teller ...«

dem wird auch die Tätigkeit der Bauchspeicheldrüse aktiviert.

Diese positiven Wirkungen entfalten sich jedoch hauptsächlich dann, wenn Milchsaures roh genossen wird (aufpassen: Gekauftes kann pasteurisiert sein), denn einige wertvolle Inhaltsstoffe werden schon bei 45° C zerstört.

Also: nicht wie unsere Großmütter das Sauerkraut morgens aufsetzen und drei Stunden kochen! Oder wie Wilhelm Busch schreibt:
». . . eben geht mit einem Teller
Witwe Bolte in den Keller,
daß sie von dem Sauerkohle
eine Portion sich hole,
wofür sie besonders schwärmt,
wenn er wieder aufgewärmt . . .«

Auch Leute mit empfindlichem Magen gewöhnen sich schnell an dieses frische Sauerkraut, vorausgesetzt, daß sie es gut kauen und damit auch gut einspeicheln.

Was passiert bei der Milchsäuregärung?

Milchsäurebakterien sind wie andere Mikroorganismen (zum Beispiel wilde Hefen, Fäulniserreger usw.) überall vorhanden. Dabei entwickelt und vermehrt sich jede Art jedoch nur unter ganz bestimmten Bedingungen:

Die Milchsäurebakterien brauchen als Nahrung kohlenhydratreiche Lebensmittel, deren Zuckerbausteine sie zu Milchsäure umsetzen und damit einen Gärprozeß einleiten. Wenn dieser Vorgang in einer sauerstoffarmen Umgebung abläuft, sind die Milchsäurebakterien den anderen Mikroorganismen überlegen. Sie können sich vermehren und dabei zum Beispiel die Tätigkeit von fäulniserregenden Bakterien verhindern.

Dabei kann eine geringe Salzmenge das Gemüse so lange vor dem Verderben schützen, bis genügend Milchsäure vorhanden ist. Außerdem beeinflußt Salz auch den Geschmack des Eingesäuerten günstig.

Aber nicht nur Milchsäurebakterien, sondern auch Hefepilze ganz verschiedener Art sind an diesem Vorgang beteiligt. Unter anderem sind diese auch für die Geschmacksbildung verantwortlich: so können sie auch zum Beispiel bei zu warmen Außentemperaturen einen zu großen Einfluß nehmen und damit die Geschmacksbildung negativ beeinflussen. Bei einer richtig verlaufenden Gärung wird das Gemüse konserviert, ewig haltbar ist es jedoch nicht, denn in irgendeiner Form sind immer noch Mikroorganismen tätig. Sie sorgen zwar in erster Linie für die Veredelung und Reifung des milchsauren Gemüses, können es aber auch ungünstig beeinflussen, zum Beispiel in einem sehr warmen Lagerraum es langsam zum Verderben bringen.

Grob gesprochen verläuft die Gärung in zwei Phasen. Zunächst wird das zerkleinerte Gemüse durch Drücken oder Stampfen (bei Kohl) zusammengepreßt. Dabei entweicht die Luft, und es tritt Zellsaft aus, der den Mikroorganismen als Nahrung dient, die diese erste Gärung einleiten. Bei ihrer Arbeit verbrauchen die Mikroorganismen den noch vorhandenen Sauerstoff und produzieren dabei gleichzeitig Kohlendioxid. Damit verhindern sie, daß sich Fäulnisbakterien und Buttersäure entwickeln können. Aus diesem Grunde ist sehr wichtig, daß die Gärung schnell einsetzt. Um dies zu erreichen, stellt man die Gärgefäße zunächst für 2 Tage in einen Raum mit etwa 20° C.

Erst nach dieser Phase werden die Milchsäurebakterien aktiv. Zusammen mit den Hefepilzen sorgen sie für die eigentliche Konservierung des Gemüses und für die Geschmacksbildung. Außerdem entwickeln sich während ihrer Arbeit – wie schon erwähnt – neben zahlreichen Geschmacks- und Aromastoffen Vitamine und Enzyme.

Da diese zweite Phase nicht so schnell verlaufen soll, wird die Temperatur jetzt auf 15 bis 18° C gesenkt. So kann die Säuerung langsam fortschreiten und kommt dann je nach Gemüsesorte nach etwa 10 bis 20 Tagen zum Stillstand.

Beim kritischen pH-Wert von 4,1 angelangt (alle Säuren werden in pH-Werten auf einer Skala von 1 bis 14 gemessen), kann sich dann keine Fäulnis mehr bilden.

Aus diesem Grunde könnte man Lebensmit-

Für milchsauer eingelegtes Gemüse eignen sich die späten Herbstsorten am besten.

tel zum Beispiel auch einfach in Essigsäure legen, um sie vor dem Verderben zu schützen. Vom gesundheitlichen Standpunkt aus betrachtet, kann man die Essigsäure jedoch nicht mit der Milchsäure vergleichen. Milchsäure bewirkt nämlich beim Abbau im Körper einen Basenüberschuß. Dies ist eine wichtige Tatsache, wenn man bedenkt, daß die übliche Zivilisationskost (mit viel Fleisch, viel Eiweiß, Weißmehlprodukten und gekochten Nahrungsmitteln) stark säurebildend wirkt und damit das ausgewogene Verhältnis von Basen und Säuren im Stoffwechsel durcheinanderbringt.

Welches Gemüse kann man milchsauer einlegen?

Im Prinzip kann man alle Gemüsesorten bis auf die weichen Blattgemüse wie Spinat und Salate auf diese Weise haltbar machen. Es empfiehlt sich jedoch, für diese Konservierungsart aus zwei Gründen nur die späten Herbstsorten zu verwenden:
● Frühgemüse gären sehr schnell, werden weich und sind nicht so lange haltbar.

● Der Sommer liefert außerdem reichlich und in vielfältiger Form Frischkost in allen Variationen. Im Winter dagegen kann milchsaures Gemüse helfen, den Speisezettel zu bereichern, wenn Frisches nicht so üppig vorhanden ist.
Bei dieser Konservierungsart sollten Sie auch nur Gemüse aus kontrolliertem, biologischem Anbau verwenden. Überdüngtes Gemüse kann nämlich Fehlgärungen hervorrufen, und Spritzmittel zerstören die Milchsäurebakterien, die sich natürlicherweise auf der Oberfläche des Gemüses befinden.
Die Zahl der Milchsäurebakterien verringert sich übrigens auch bei einer langen Schlechtwetterperiode. Wer also selber einen Garten besitzt, erntet sein Gemüse für die Milchsäuregärung besser nicht während einer langen Regenzeit, sondern bei schönem Wetter.
Besonders geeignet für die Milchsäuregärung ist natürlich der Weißkohl, aber auch Rotkohl, Kohlrabi und Brokkoli lassen sich milchsauer einlegen.
Ebenso eignen sich alle Wurzelgemüse (Mohrrüben, rote Bete, Sellerie usw.), Bohnen, Gurken, feste Tomaten, Paprika, Kürbisse, Zucchini, Zwiebeln, Knoblauch, Pilze und alle Gewürzkräuter.
Man kann sie einzeln oder in Mischungen einlegen.

Gärgefäße

Früher wurde Sauerkraut (aber auch Bohnen und Gurken) in offenen Krautständern aus Steingut oder Holz hergestellt.
Solche Gefäße haben ganz entscheidende Nachteile, wodurch sie die Methode an sich auch etwas unbeliebt gemacht haben.
Das Gemüse in den offenen Gefäßen muß nämlich ständig kontrolliert und überwacht werden. Um die Sauerstoffzufuhr möglichst gering zu halten, wird das eingesäuerte Gemüse mit einem Tuch, einem möglichst gut passenden Brettchen oder Teller und einem Beschwerungsstein abgedeckt.
Trotzdem bildet sich aber bei dieser Art des Einsäuerns auf der Oberfläche ein grauweißer Belag, die sogenannte Kahmhefe. Sie entsteht hauptsächlich durch den Luftsauerstoff, schadet zwar den darunterliegenden Gemüseschichten nicht, weil sie durch diese Schicht nicht verderben können.
Trotzdem sollte sie aber immer wieder sorgfältig entfernt werden. Ebenso müssen dabei das Tuch ausgekocht und Brettchen und Stein gereinigt werden.

Gärtöpfe

Diese Probleme hat man bei den modernen Gärtöpfen nicht mehr. Sie bestehen aus hartgebrannter Tonerde (1200° C) und sind innen und außen mit einer bleifreien Glasur versehen, wodurch sie unter anderem auch leicht zu reinigen sind.
Außerdem verfügen sie über eine Wasserrinne, einen genau passenden Deckel und zwei halbkreisförmige Beschwerungssteine (nicht bei allen Arten vorhanden). Es gibt sie in Größen von 6 bis 30 l – also für jede Familiengröße und gewünschte Vorratshaltung.
Gärtöpfe können Sie in Haushaltsfachgeschäften oder Naturkostläden (siehe Bezugsquellen) kaufen.
Ganz entscheidend sind der passende Deckel und die Wasserrinne. Beide zusammen verhindern den Sauerstoffeintritt, so daß sich keine Kahmhefe bilden kann.

Schraubgläser

Für die Milchsäuregärung muß man aber nicht unbedingt Gärtöpfe anschaffen. Man kann nämlich auch in einwandfreien Schraubgläsern einsäuern.
Gläser empfehlen sich auch besonders dann, wenn man nur kleine Portionen Gemüse aus dem Garten einsäuern oder aber bestimmte Gemüsemischungen erst einmal ausprobieren möchte.
Beim Einsäuern selbst wird genauso verfahren wie bei den Gärtöpfen. Nur das Einstampfen, zum Beispiel bei Kohl, sollte man besser vorher in einer Schüssel vornehmen und das Gemüse im Glas dann nur noch leicht eindrücken.
Beachten Sie aber bitte, daß nach dem Gärprozeß die Gläser nicht nur kühl, sondern unbedingt auch dunkel gestellt werden müssen. Aus diesem Grunde bedeckt man sie gegebenenfalls mit einem Tuch oder stellt sie in Pappkartons.

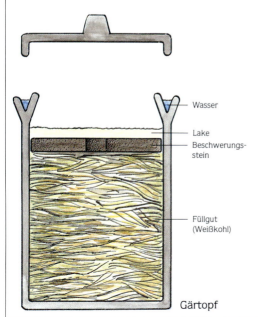

Wasser
Lake
Beschwerungsstein
Füllgut (Weißkohl)
Gärtopf

Die Praxis der Milchsäuregärung

am Beispiel

Sauerkraut

Sie benötigen für einen 10-l-Gärtopf:

etwa 8 kg geputzten, kleingehobelten Weißkohl
4 große, säuerliche Äpfel
2 bis 4 EL Wacholderbeeren
2 EL Kümmel
80 g Meersalz
große Kohlblätter zum Abdecken

Hinweis: alle Zutaten sollten Zimmertemperatur haben, auch der Gärtopf

Und so wird's gemacht:
1. Stellen Sie alle Zutaten bereit!
2. Putzen und hobeln Sie den Kohl, und bewahren Sie dabei einige große Kohlblätter zum Abdecken auf. Schneiden Sie die Äpfel in dünne Scheiben.
3. In den gut gesäuberten Gärtopf legen Sie den gehobelten Kohl schichtweise ein und stampfen jede Lage mit einem Krautstampfer kräftig fest, bis sich Saft gebildet hat. Nach jeder Kohlschicht folgt eine Zwischenschicht mit Apfelscheiben und Gewürzen.

4. Füllen Sie den Topf nicht bis zum Rand, sondern nur etwa zu vier Fünftel. Die letzte Schicht bilden die großen Kohlblätter.

5. Dann werden die Beschwerungssteine aufgelegt. Sie sollten stets mit Flüssigkeit bedeckt sein. Diese Flüssigkeit erhalten Sie durch den Kohlsaft, der durch das Stampfen entsteht und eventuell noch durch etwas abgekochtes, abgekühltes Wasser.

6. Zum Schluß wird der Deckel aufgesetzt und in die Wasserrinne Wasser gegeben.
Der Gärtopf muß jetzt etwa 2 Tage bei 20 bis 22°C und 2 bis 3 Wochen bei 15°C stehen, danach kommt er in den kühlen Keller.
7. Nach weiteren 2 bis 4 Wochen ist die Aromabildung beim Sauerkraut abgeschlossen, und Sie können sich Ihre erste Portion aus dem Keller holen.

——————— Variation ———————

Anstatt Weißkohl können Sie auch Rotkohl verwenden.

Tips und Tricks

Säubern Sie die Gärgefäße, bevor Sie den Kohl einschichten, gründlich. Am besten waschen Sie die Gefäße nur mit heißem Wasser aus und vermeiden auf jeden Fall chlor- und phosphathaltige Waschmittel.

– Wenn die Töpfe leer sind, sollte man sie genau wie die Steine und den Deckel nicht im feuchten Keller, sondern in einem kühlen, trockenen Raum aufbewahren.

– Stampfen Sie die Krautlagen gut ein, denn das Stampfen ist sehr wichtig. Es macht das Kraut mürbe, läßt den Zellsaft austreten und die Luft entweichen.

– Als obere Schicht zum Abdecken des Krauts kann man neben großen Krautblättern auch Himbeer- und Schwarze-Johannisbeer-Blätter – beide sind reich an Milchsäurebakterien – auf das Gemüse geben.

– Wer in Gläsern einsäuert, sollte auch diese nur zu vier Fünfteln füllen. Auch hier muß die Flüssigkeit das Gemüse gut bedecken (also auch eventuell mit abgekochtem Wasser auffüllen).

– Legen Sie am besten ein Thermometer auf den Deckel des Gärtopfes, damit Sie die Temperatur kontrollieren können.

Grundsätzlich gilt: es ist besser, die Töpfe eher ein wenig zu kurz als zu lange in der Wärme stehenzulassen.

– Sollte sich wider Erwarten auf dem Gemüse einmal ein weißlicher Belag bilden, so ist das die schon erwähnte Kahmhefe. Sie wird von Hefebakterien gebildet, die durch langen Luftzutritt wieder aktiv geworden sind. Entfernen Sie ganz einfach diese Hefeschicht, und wischen Sie die Innenwände des Gärtopfes mit einem in heißes Wasser getauchten Tuch aus.

Kann bei der Gärung etwas schiefgehen?

Gesundes Gemüse aus kontrolliertem, biologischem Anbau enthält selbst alle für den Gärprozeß notwendigen Milchsäurebakterien, so daß man es einfach unter den erwähnten Temperaturen der Selbstsäuerung überlassen kann.

Es schmeckt und riecht angenehm säuerlich. Ist das Gemüse schleimig oder riecht unangenehm, so ist es verdorben und sollte nicht mehr verzehrt werden; meist hat sich dann Buttersäure gebildet.

Der Grund liegt oft darin, daß chemisch gedüngtes und gespritztes Gemüse verwendet wurde.

Wenn das Gemüse zu weich ist, kann es sein, daß es sich nicht um eine späte, feste Herbstsorte, sondern um eine weiche Sommersorte handelt, oder es wurde zu wenig Salz genommen.

Auch Gurken werden nach schlechten Sommern (trocken oder kalt) durch die Gärung leicht weich. In diesem Fall kann man Eichenblätter in das Gärgefäß geben. Ihre Gerbsäure schützt die Gurken vor dem Weichwerden. Ebenso können sehr reife Kürbisse oder Zucchini durch das Einsäuern zerfallen. Zu weich gewordenes milchsaures Gemüse kann man jedoch gut unter Salatsoßen mischen.

Es kann sein, daß Ihr Gemüse im Laufe des Winters nachsäuert; die einen mögen dies, die anderen nicht.

Abhilfe hierfür schaffen niedrige Lagertemperaturen.

Hilfsmittel für die Milchsäuregärung

Grundsätzlich sind Hilfsmittel nicht nötig, in manchen Fällen aber vorteilhaft, weil sie dem Gemüse ganz gezielt Milchsäurebakterien zuführen.

Auf diese Weise setzt dann die Gärung bedeutend schneller ein, und das milchsaure Gemüse steht schneller zum Verzehr bereit.

Hilfsmittel für die Milchsäuregärung

Molke

Als Starterkultur kann man dem milchsauren Gemüse Molke zusetzen, und zwar etwa $\frac{1}{4}$ l Molke für einen 10-l-Gärtopf.

Neben Milchsäurebakterien enthält sie auch Milchzucker und verschiedene Vitamine und Mineralstoffe, die den Gärprozeß fördern.

Gärflüssigkeit

Hat man zum Beispiel vom früheren Einsäuern Gärflüssigkeit übrig, so kann man diese als Starterkultur zum Gemüse geben. Die Gärung setzt dann besonders schnell ein, weil gezielt sehr viele Milchsäurebakterien zugeführt werden.

Solche Gärflüssigkeit kann man übrigens auch anstelle von Essig oder Zitronensaft für Salatsoßen verwenden.

Wollen Sie die Gärflüssigkeit von gekauftem milchsaurem Gemüse verwenden, so müssen Sie darauf achten, daß dieses nicht pasteurisiert wurde (dadurch werden nämlich alle Milchsäurebakterien abgetötet).

Sauergemüseferment

Ebenso wie es für die Joghurt-, Sauermilch- und Kefirherstellung Fermente gibt, so können Sie sich auch ein Sauergemüseferment besorgen (siehe Bezugsquellen).

Mit Hilfe eines solchen Fermentes steht das milchsaure Gemüse oft schon nach 10 Tagen zum Verzehr bereit.

Das kleine Fläschchen mit dem Sauergemüseferment wird in einer halben Tasse lauwarmem Wasser aufgelöst, gut umgerührt und nach und nach beim Einschichten des Gemüses in das Gärgefäß gegeben.

Dabei ist eine Flasche für etwa 6 kg Gemüse ausreichend.

Brottrunk

Schon früher und zwar besonders in der Sowjetunion wurden aus Getreide oder Brot sogenannte Kwaßgetränke hergestellt. Im Gegensatz zum traditionellen Kwaß enthält der Brottrunk keinen Alkohol. Deshalb eignet er sich auch sehr gut als Starterkultur für milchsaures Gemüse. Für ein 1-l-Schraubglas benötigen Sie etwa 2 Eßlöffel Brottrunk.

Milchsaures Gemüse in der Küche

So oft wie möglich sollten Sie milchsaures Gemüse frisch verzehren.

Sie haben im Handumdrehen einen Frischkostsalat, wenn Sie das Eingesäuerte mit etwas kaltgepreßtem Öl und frischen Kräutern anmachen.

Viele geschmackliche Variationsmöglichkeiten ergeben sich, wenn Sie Milchsaures mit Blattsalaten oder Gemüsefrischkost der jeweiligen Jahreszeit entsprechend mischen. Bei der Zubereitung von Marinaden für solche Frischkostsalate benötigen Sie dann allerdings weder Salz noch irgendwelche Säure wie Zitronensaft oder Essig; beide bringt das Gemüse ja schon mit.

Den milchsauren Geschmack können Sie durch die Zugabe von Sahne oder Quark, aber auch durch frisch geraspelte Äpfel etwas dämpfen.

Wenn Sie Milchsaures warm servieren wollen, sollten Sie es zum Beispiel bei Suppen erst ganz zum Schluß dazugeben, damit es nur noch erwärmt wird. Oder Sie heben zum Beispiel beim gedünsteten Sauerkraut nach dem Kochprozeß eine Portion unerhitztes Sauerkraut unter. So bleiben die hitzeempfindlichen Vitamine und Enzyme im milchsauren Gemüse bestens erhalten.

Milchsaure Gurken

Sie benötigen für ein 1-l-Glas:

etwa 1 kg Gurken
1 kleine Zwiebel
1 Knoblauchzehe
einige Dillsamen
Estragonblätter
Senf- und Korianderkörner
20 g Meersalz
etwa ¾ l Wasser
1 bis 2 EL Gärflüssigkeit oder in Wasser aufgelöstes Sauergemüseferment

Und so wird's gemacht:

1. Bürsten Sie die Gurken unter fließendem Wasser gründlich ab und stapeln sie möglichst dicht in ein Schraubglas.
2. Verteilen Sie dabei die Gewürze, die geschälte und in Ringe geschnittene Zwiebel und die kleingeschnittene Knoblauchzehe dazwischen.
3. Lösen Sie das Salz in dem Wasser auf, kochen es ab und lassen es abkühlen. Rühren Sie dann die Gärflüssigkeit ein, und gießen Sie so viel ins Glas, bis die Gurken gut bedeckt sind.
4. Das Glas sollte jetzt fest verschlossen werden und mit einem Tuch bedeckt etwa eine Woche bei Zimmertemperatur gären.
5. Dann wird es kühl gestellt; der Inhalt kann nach 10 bis 14 Tagen verzehrt werden.

--- Tip ---

Verwenden Sie für das Einsäuern kleine, feste Freilandgurken ohne Kerne (Einlegegurken). Sie werden nämlich nicht so schnell weich.

Milchsaures Allerlei

Sie benötigen für ein 1½-l-Schraubglas:

350 g grüne Paprikaschoten
200 g rote Paprikaschoten
200 g gelbe Zucchini
200 g feste Tomaten
1 Zwiebel
einige Estragonblätter
Dillsamen
etwa 1½ l Wasser
30 g Meersalz

Und so wird's gemacht:
1. Waschen und putzen Sie zunächst das Gemüse. Die Paprika in etwa 1 cm breite Streifen, die Zucchini in Scheiben schneiden, die Tomaten vierteln, die Zwiebel würfeln.
2. Alles abwechselnd in das gut gesäuberte Schraubglas füllen, dabei gleichzeitig die Gewürze dazwischen verteilen.
3. Achten Sie darauf, daß das Glas nur bis etwa 4 cm unter den Rand gefüllt ist.
4. Das Wasser mit dem Salz aufkochen, abkühlen lassen und anschließend über das Gemüse gießen. Reicht das Wasser nicht aus, müssen Sie noch etwas abgekühltes Salzwasser nachgießen, denn das Gemüse sollte gut bedeckt sein.
5. Das Glas fest verschließen und etwa eine Woche bei Zimmertemperatur gären lassen. Decken Sie dabei das Glas am besten mit einem Tuch ab, damit es vor Licht geschützt ist.
6. Anschließend wird es in den kalten Keller gestellt. Es muß hier ebenfalls dunkel stehen.
7. Nach 2 bis 3 Wochen ist die Aromabildung abgeschlossen, und Sie können sich Ihr milchsaures Allerlei schmecken lassen.
Im kühlen Keller hält es bis in den nächsten Sommer hinein.

Milchsaure rote Bete

Sie benötigen für ein 1-l-Glas:

600 bis 750 g rote Bete
2 Zwiebeln
1 TL Kümmel
1 Lorbeerblatt
einige Dillsamen
einige Estragonblätter
etwas abgekochtes Salzwasser
(20 g Salz pro Liter Wasser)

Und so wird's gemacht:
1. Die roten Bete gut waschen, bürsten, harte Stellen abschälen und roh in dünne Scheiben schneiden.
2. Zusammen mit den geschälten und in Ringe geschnittenen Zwiebeln und den Gewürzen in das Glas schichten, dabei die Scheiben mit einem Holzlöffel etwas zusammendrücken.
3. Da rote Bete sehr heftig gären, dürfen Sie das Glas auf keinen Fall zu voll füllen! Füllen Sie das Glas mit so viel abgekochtem Salzwasser auf, daß die roten Bete gut bedeckt sind.
4. Anschließend den Deckel fest verschließen und die roten Bete mit einem Tuch bedeckt etwa eine Woche bei Zimmertemperatur gären lassen.
5. Danach in den Keller stellen. Nach weiteren 3 bis 4 Wochen können Sie die milchsauren roten Bete essen.
6. Sie sollten sie allerdings nicht zu lange aufbewahren, da sie sehr stark nachsäuern. Stellen Sie lieber mehrmals im Winter milchsaure rote Bete her.

─── **Variation** ───

Milchsaure Möhren

Milchsaure Möhren werden wie rote Bete hergestellt. Schneiden Sie sie ebenfalls in dünne Scheiben, und schichten Sie sie in ein Glas mit etwas Petersilie und Sellerieblättern ein.

Rezepte 63

Das Einlegen

Einlegen in Essig

Schon unsere Großmütter legten Obst und Gemüse in Essig ein. Es war und ist eine gebräuchliche Konservierungsart, weil sie praktisch, schnell und einfach zu handhaben ist und darüber hinaus auch nicht viel Geld kostet. Man kann nämlich, wenn man will, jedes Obst und Gemüse (übrigens auch andere Nahrungsmittel wie Fleisch) auf diese Weise ohne zusätzliche Sterilisation haltbar machen. Noch preiswerter wird diese Konservierungsart, wenn man dazu seinen selbsthergestellten Essig verwendet (siehe Seite 67, Essigherstellung). Und auch geschmacklich hat in Essig Eingelegtes für jeden etwas zu bieten: von süßsauer bis sauer reicht die Skala der Essiggemüse und Essigfrüchte.

Die Methode beruht auf folgendem Prinzip: durch den hohen Säuregrad des Essigs werden die Entwicklung und das Wachstum von Mikroorganismen, wie Gär- und Fäulnisbakterien oder Schimmelpilzen, verhindert.

Im Unterschied zum Haltbarmachen durch Milchsäuregärung hat hier statt der Milchsäure die Essigsäure die konservierende Kraft. Sie durchdringt das jeweilige Lebensmittel und macht es sauer. Dadurch wird der Eigengeschmack des jeweiligen Obstes und Gemüses stark überlagert, so daß kaum jemand Essigsaures in größeren Mengen genießen könnte. So wird normalerweise auf ganz natürliche Art dafür gesorgt, daß das wichtige Verhältnis von Basen und Säuren in unserem Körper aufrecht erhalten wird, denn im Gegensatz zur milden Milchsäure wirkt die Essigsäure nicht nur geschmacklich, sondern auch im Stoffwechselgeschehen des Körpers als Säure. Leider aber umgehen viele Menschen ihr natürliches Geschmacksempfinden: sie fügen der Essiglösung sehr viel Zucker, aber auch Salz zu und handeln sich damit vom ernährungsphysiologischen Standpunkt aus betrachtet gesundheitliche Nachteile ein:

– Durch die Zuckerzugabe essen sie weit mehr in Essig konservierte Lebensmittel, als ihr natürliches Geschmacksempfinden ihnen normalerweise erlauben würde; geschmacklich neutralisiert der Zucker zwar die Säure, chemisch gesehen aber nicht.

– Zusätzlich handeln Sie sich mit dem Zucker alle gesundheitlichen Nachteile ein, die dieses isolierte Kohlenhydrat im Stoffwechsel und Darm hervorruft (vergleiche die Ausführungen über Zucker Seite 100). Essigsäure und Zucker wirken zusätzlich auch noch extrem kariesfördernd; beide greifen die Kalk- und Phosphatverbindungen im Zahnschmelz an.

– Salz wird üblicherweise in unserer Kost meist zuviel verwendet – es kann bekanntlich bei gewohnheitsmäßiger Überdosierung zu Bluthochdruck und Nierenschäden führen.

Wer versucht, diese gesundheitlichen Nachteile durch eine schwächere Essiglösung zu umgehen, muß den Nachteil einer geringeren Haltbarkeitsdauer in Kauf nehmen. Ein zusätzliches Sterilisieren halte ich für wenig sinnvoll, erleiden die Lebensmittel doch dadurch noch empfindliche Einbußen an Vitaminen, Enzymen und anderen wertvollen Inhaltsstoffen. Auch ein späteres Wässern der essigsauren Lebensmittel schwemmt in erster Linie wertvolle Mineralstoffe aus.

Wer sich jedoch die Vorteile dieser Konservierungsart zu eigen macht und in Essig konservierte Lebensmittel nur in kleinen Mengen oder als Gewürz verwendet, kann sie sicherlich unbedenklich genießen.

Dabei ist eine Kombination von essigsaurem Gemüse und in Essig eingelegten Früchten mit Kartoffelgerichten, Milch und Milchprodukten sowie frischen Gemüse- und Blattsalaten empfehlenswert, da sie alle im Körper basisch wirken.

Das Einlegen 65

Die Herstellung von Essig

Essig entsteht, wenn man ein alkoholisches Getränk, etwa Weißwein, Rotwein oder Apfelwein, über längere Zeit offen stehen läßt. Mit Hilfe des Sauerstoffs aus der Luft bauen nämlich die Essigsäurebakterien den Alkohol in diesen Getränken zu Essigsäure ab.

Die einzelnen Essigsorten unterscheiden sich durch die verwendeten Rohstoffe und durch die Zubereitungsart.

Bei reinem **Weinessig** stammt die Essigsäure zu 100% aus dem Alkohol des Weines. Sein Essigsäuregehalt beträgt etwa 7 bis 10%.

Obstessig wird bei uns hauptsächlich aus Apfelwein hergestellt.

Die meisten im Handel angebotenen Essigsorten sind Verschnitte aus Branntweinessig (hier dienen Zuckerrüben und Kartoffeln als Ausgangsprodukt) und Weinessig. Manche enthalten auch echten Weinessig und reine Essigsäure in unterschiedlichen Mischungsverhältnissen. Wie auch immer sie jedoch zusammengesetzt sind, sie haben alle einen Essigsäuregehalt von mindestens 5%.

Essigessenz wird durch das Verdünnen von Essigsäure auf 80% Säuregehalt hergestellt.

Die einzelnen Essigsorten unterscheiden sich durch die verwendeten Rohstoffe und durch die Zubereitungsart.

Wein mit Sauerteig animpfen

Es bildet sich die Essigmutter.

Essig selbst herstellen

Ebenso wie vor über 1000 Jahren Ägypter, Babylonier, Griechen und Römer ihren Essig selber herstellten und ihn sowohl für das Haltbarmachen von Fleisch und Gemüse verwendeten als auch als durststillendes Getränk (natürlich verdünnt) und als Arzneimittel benutzten – so können auch Sie ohne Schwierigkeiten ihren Essig selber herstellen. Wenn Sie nämlich frisch gepreßten Apfelsaft offen stehen lassen, beginnt dieser Apfelsaft schon nach wenigen Tagen zu gären: die im Apfelsaft enthaltenen wilden Hefepilze bauen den Fruchtzucker des Saftes zu Alkohol und Kohlendioxid ab. Bleibt das Gefäß dann weiterhin offen stehen, so wird durch überall vorhandene Essigbakterien dieser Alkohol mit Hilfe des Luftsauerstoffs zu Essig umgesetzt.

Das gleiche passiert – bereits eine Ausgangsstufe weiter –, wenn Sie Wein im Warmen offen stehen lassen.

Der Nachteil dieser Methode: der Prozeß dauert sehr lange, und es entstehen unter Umständen auch noch eine Reihe anderer, unerwünschter Bakterien und Pilze. Es ist deshalb besser, den Vorgang zu beschleunigen. Zu diesem Zweck gibt man den Wein oder den Apfelwein (vergorener Apfelsaft) in ein ausreichend großes Gefäß, zum Beispiel ein Tongefäß. Eine breite Öffnung ist dabei gut, weil dann viel Sauerstoff an die Flüssigkeit herankommen kann. Man impft diese Weine dann gezielt mit Essigkulturen. Solche Essigkulturen kann man kaufen (siehe Bezugsquellen), man kann sich aber auch selber behelfen, indem man ganz einfach ein Stück Sauerteig (oft genügt auch ein Stück Brot) und einen Eßlöffel Essig dazu gibt. Die genaue Menge ist dabei relativ unwesentlich, weil sich die Essigbakterien sehr schnell vermehren. Bei diesem Verfahren bildet sich dann auf der Oberfläche des Weines eine Haut, die sich immer mehr verdickt, die sogenannte Essigmutter. Sie besteht aus unzähligen Essigsäurebakterien.

Mit ihrer Hilfe können Sie dann immer wieder neuen Essig herstellen. Wenn sich nämlich nach etwa 3 Wochen der Alkohol zu Essig umgesetzt hat, gießen Sie den fertigen Essig durch ein Tuch und füllen ihn in Flaschen ab. Die im Tuch zurückbleibende Essigmutter legt man wieder in das Essiggefäß und übergießt sie erneut mit Wein oder Apfelwein.

Ab und zu sollte man die Essigmutter verjüngen. Dazu löst man die hellere (junge) Schicht ab, ältere Teile wirft man weg, denn sie können eine Trübung des Essigs verursachen.

Gewürzessige

Wenn Sie wollen, können Sie dem selbsthergestellten Essig verschiedene Gewürze, Kräuter, Zwiebeln und Beeren zusetzen. Nach etwa 2 bis 3 Wochen hat der Essig dann das Aroma der eingelegten Zutaten angenommen. Man läßt die eingelegten Kräuter und Gewürze – mit Ausnahme von Beeren, Chilischoten und Zitronenschalen – so lange im Essig, wie sie bedeckt sind. Spätestens dann filtert man sie jedoch besser heraus.

Himbeeressig

Sie benötigen:

500 g reife Himbeeren

½ l Weinessig

Und so wird's gemacht:
1. Die Himbeeren verlesen, nur einwandfreie Früchte verwenden, nicht waschen.
2. Die Beeren in ein sauberes Glasgefäß oder eine Flasche füllen und den Essig darübergießen. Das Gefäß verschließen und am besten auf eine sonnige Fensterbank stellen. Jeden Tag das Gefäß einmal hin und her bewegen.
3. Die Himbeeren etwa 14 Tage im Essig ziehen lassen. Dann den Inhalt durch ein sauberes Mulltuch gießen und den Essig in eine Flasche abfüllen. Er sollte kühl und dunkel aufbewahrt werden.

──────── Variation ────────

Statt der Himbeeren Erdbeeren verwenden.

Zitronenthymianessig

Sie benötigen:

1 unbehandelte Zitrone

einige Zweige Zitronenthymian

(wer den nicht hat, verwendet statt

dessen Thymian und Zitronenmelisse)

½ l Weißweinessig

Und so wird's gemacht:
1. Die Zitrone heiß waschen und sehr dünn schälen.
2. Die Kräuter, wenn es geht, am besten morgens pflücken und nicht waschen.
3. Beides in ein Glasgefäß geben und den Essig darübergießen. Das Gefäß verschließen und den Essig etwa 3 Wochen ziehen lassen.
4. Dann die Zitronenschale entfernen. Wer will, kann die Kräuter noch so lange im Essig lassen, wie sie bedeckt sind. Spätestens dann sollte man aber den Essig abfiltern.

Kräuteressig

Sie benötigen:

je 4 Zweige Thymian, Minze, Rosmarin und Bohnenkraut

2 Zweige Estragon

1 kleines Stück Sellerie

1 Petersilie mit Wurzeln, Stengeln und Blättern

6 Schalotten

10 zerstoßene Pfefferkörner

1 l Essig nach Geschmack

Und so wird's gemacht:
1. Die Kräuter, wenn es geht, nicht waschen; sonst sorgfältig trockentupfen.
2. Sellerie, Petersilie und Schalotten schälen und in dünne Scheiben schneiden.
3. Alles in ein Gefäß geben und den Essig darübergießen, verschließen und 2 bis 3 Wochen an einen warmen Ort stellen. Dabei ab und zu die Mischung mit einem Löffel gut durchrühren.
4. Danach die Kräuter abfiltern und den Essig in eine Flasche füllen. Verschließen und kühl und dunkel aufbewahren.

Dillessig

Sie benötigen:

3 Zweige Dill

¾ l Essig

Und so wird's gemacht:
1. Den Dill waschen, trockentupfen und in eine Flasche geben.
2. Den Essig darübergießen und für etwa 2 bis 3 Wochen gut verschlossen kühl und dunkel stellen.
3. Danach den Essig abfiltern.

──────── Variationen ────────

Statt Dill Estragon, Melisse, Salbei, Veilchenblüten usw. verwenden.

Wie legt man in Essig ein?

am Beispiel

Gewürzgurken

Sie benötigen:

2 kg kleine Einleggurken
für jedes Glas 1 Stück Meerrettich und 1 Stück frische Ingwerwurzel
500 g Zwiebeln
2 EL Senfkörner
2 EL Pimentkörner
4 Lorbeerblätter
für jedes Glas 1 Zweig Estragon und 1 Dillblüte
1½ l Weinessig
4 EL Salz
3 EL Honig

Und so wird's gemacht:

1. Die Gurken unter fließendem Wasser gründlich abbürsten und abtrocknen. Den Meerrettich und den Ingwer schälen und in Würfel schneiden. Die Zwiebel schälen und in Ringe schneiden.

2. Die Gurken zusammen mit den Meerrettich- und Ingwerstückchen, den Zwiebelringen, den Gewürzen und den Kräutern in die sorgfältig gereinigten Gläser schichten.

3. Den Essig mit ¾ l Wasser, dem Salz und dem Honig aufkochen und die Gurken mit der heißen Flüssigkeit bedecken.

4. Am nächsten Tag die Flüssigkeit noch einmal abgießen, erneut aufkochen und kochend heiß über die Gurken gießen. Dabei sollte die Flüssigkeit mindestens fingerbreit über den eingelegten Gurken stehen.

5. Sofort die Gläser verschließen und für mindestens 4 Wochen in einem kühlen, dunklen Keller stehen lassen.

Gewürzgurken sind mindestens 6 Monate haltbar.

Tips und Tricks

– Verwenden Sie stets frisches, einwandfreies Obst und Gemüse, angefaultes sollte ganz aussortiert werden.
– Zum Einlegen brauchen Sie Steinguttöpfe mit unbeschädigter Glasur, große Gläser (zum Zubinden oder mit Deckel) oder am besten Gläser mit Schraubverschluß. Achten Sie bei Steinguttöpfen darauf, daß diese nicht zu niedrig gebrannt und nicht mit Bleiglasuren versehen wurden.
– Ebenso sollten Sie bei dieser Konservierungsart keine Geräte aus Aluminium, Kupfer oder Messing verwenden, besser geeignet sind Materialien aus Holz, Steingut, Glas oder Chromstahl. Auch Kunststoff ist ungeeignet, da er oft nur bedingt säurebeständig ist.
– Die sorgfältige Reinigung aller Geräte und Gläser ist – wie immer – oberstes Prinzip.
– Alle Gefäße sollten kühl, trocken und vor Licht geschützt aufbewahrt werden. So ist ihr Inhalt je nach Essigkonzentration 3 bis 12 Monate haltbar.
Geöffnete Gläser sollten besser im Kühlschrank aufbewahrt werden.
– Damit sich ein Aroma bilden kann, sollte in Essig Konserviertes erst einmal für 4 bis 6 Wochen durchziehen. Kontrollieren Sie besonders während dieser ersten Zeit, ob wirklich alles gut 1 bis 2 Finger breit mit dem Sud bedeckt ist. Sonst müssen Sie noch einmal etwas Sud nachkochen. Oder Sie schütten noch etwas Essig (oder Öl) nach, damit dieser als konservierende Schicht über dem Eingelegten steht.
– Wenn sich Schimmel gebildet hat, müssen Sie den ganzen Inhalt des Gefäßes vernichten. Es empfiehlt sich nicht zuletzt aus diesem Grunde, viele kleine Portionen abzufüllen.
Ausschlaggebend für eine Schimmelbildung kann ein feuchter oder zu warmer Keller sein. Dabei sind Früchte oder Gemüse, wenn sie aus dem Sud herausragen, ein guter Nährboden für Schimmelpilze. Eine zu schwache Essiglösung oder ein Topf mit beschädigter Glasur sind weitere mögliche Gründe.
– Was tun, wenn der Inhalt gärt? Der Inhalt fängt an zu gären, wenn der Keller zu warm ist oder die Gläser im Licht stehen. Außerdem kann auch der Sud zu dünn geworden sein, wenn zum Beispiel die Früchte sehr wasserhaltig waren.
Wenn erst <u>sehr</u> wenige Bläschen aufsteigen, können Sie den Sud und das Eingelegte noch einmal aufkochen und alles erneut abfüllen. Allerdings sollte der Inhalt dann bald verbraucht werden.

Chutney, Ketchup, Relish

Chutneys sind Beilagen, die besonders in asiatischen Ländern fast zu jeder Mahlzeit auf den Tisch kommen. Es gibt sie in allen Geschmacksrichtungen; immer aber bestehen sie aus einer oder mehreren Obst- oder Gemüsearten. Ihre Schärfe erhalten sie durch Gewürze wie Ingwer, Nelken, Chili, manchmal auch Zimt, die Süße durch Honig (Zukker), Trockenfrüchte oder Obstdicksäfte und die Säure durch Essig. Man kann sie vielleicht am besten als pikant gewürzte Kompotte oder Marmeladen bezeichnen.
Relishes bestehen aus feingeschnitzeltem, gekochtem Obst und Gemüse. Sie schmecken meist süß-sauer und werden außer als Beilage auch als Brotaufstrich verwendet.
Ketchup gehört wohl inzwischen zu den bekanntesten Soßen, die es gibt. Dabei muß die Grundmasse durchaus nicht immer aus Tomaten, Gewürzen und Essig bestehen, es gibt zum Beispiel auch ein Paprika- oder Champignonketchup.

Eingelegte Zucchini

Sie benötigen:

1 kg Zucchini
200 g Zwiebeln
4 Knoblauchzehen
je 1 Zweig Rosmarin, Thymian und Dill
1 l Weinessig
1 EL Salz
etwa 100 g Honig
1 TL Pfefferkörner
1 TL Pimentkörner
1 TL Koriander
1 TL Fenchel

Und so wird's gemacht:
1. Die Zucchini waschen und in etwa 0,5 cm dicke Scheiben schneiden.
2. Die Zwiebeln schälen und in Ringe schneiden, die Knoblauchzehen schälen und in Stücke schneiden.
3. Dann alles zusammen mit den gewaschenen Kräutern in Schraubgläser schichten.
4. Den Essig mit $\frac{1}{2}$ Liter Wasser, dem Salz, dem Honig und den übrigen Gewürzen aufkochen und über die Zucchinischeiben gießen. Die Gläser abdecken.
5. Am nächsten Tag die Flüssigkeit abgießen, erneut aufkochen und kochendheiß über die Zucchini gießen.
6. Die Gläser sofort verschließen und dunkel und kühl lagern.
Zucchinischeiben sind mindestens 8 Monate haltbar.

Mixed Pickles

Sie benötigen:

1 mittelgroßen Blumenkohl
250 g grüne Bohnen
500 g Möhren
1 Stück Meerrettichwurzel
150 g Schalotten
¾ l Weinessig
50 g Salz
100 g Honig
3 Lorbeerblätter
20 Pfefferkörner
10 Pimentkörner

Und so wird's gemacht:
1. Den Blumenkohl putzen und in Röschen teilen.
2. Die Bohnen putzen, waschen und gegebenenfalls einmal durchbrechen oder in Stückchen schneiden.
3. Die Möhren putzen und in Scheiben schneiden.
4. Das Gemüse in 1 Liter Wasser etwa 10 Minuten kochen. Danach durch ein Sieb gießen und die Flüssigkeit auffangen.
5. Den Meerrettich schälen und in Streifen schneiden. Mit dem Gemüse und den geschälten Schalotten in Gläser schichten.
6. Den Essig mit dem Gemüsewasser, dem Salz, dem Honig und den Gewürzen aufkochen und über das eingeschichtete Gemüse gießen. Die Gläser abdecken und für etwa 24 Stunden stehen lassen.
7. Am nächsten Tag die Flüssigkeit abgießen, noch einmal aufkochen und erneut über den Inhalt gießen.
8. Jetzt sofort verschließen und die Gläser kühl und dunkel aufbewahren.
9. Vor dem Verbrauch etwa 3 Wochen stehen lassen. Mixed Pickles halten sich 4 bis 6 Monate.

Kürbis süß-sauer

Sie benötigen:

etwa 2 kg Kürbisfruchtfleisch

½ bis ¾ l Apfelessig

2 Stangen Zimt

10 Gewürznelken

Schale von 2 unbehandelten Zitronen

400 bis 500 g Honig

Und so wird's gemacht:
1. Das Kürbisfruchtfleisch in etwa 2 cm große Würfel schneiden.
2. Den Essig mit dem Zimt, den Nelken und der Zitronenschale aufkochen, über die Kürbiswürfel gießen und die Gläser abdecken.
3. Am nächsten Tag die Flüssigkeit in einen Topf abgießen und mit dem Honig aufkochen. Dann die Kürbiswürfel dazugeben und so lange kochen, bis sie glasig sind.
4. Mit einem Schaumlöffel herausnehmen, sofort in heiß ausgespülte Schraubgläser füllen. Den Sud rasch noch einmal zum Kochen bringen, darübergießen und die Gläser sofort verschließen.

Apfelchutney

Sie benötigen:

150 g ungeschwefelte Rosinen
⅛ l Obstessig
1 kg Äpfel
200 g Zwiebeln
etwa ¼ l Obstessig
½ TL Salz
1 TL Koriander
1 EL Senfkörner
2 TL gemahlenen Ingwer

Und so wird's gemacht:
1. Die Rosinen knapp bedeckt in dem Essig für etwa 1 bis 2 Stunden einweichen.
2. Die Äpfel schälen, das Kerngehäuse entfernen und in feine Spalten schneiden.
3. Die Zwiebeln schälen und fein hacken.
4. Die Apfelspalten zusammen mit den Zwiebeln und dem Essig in etwa 10 Minuten weich dünsten.
5. Dann die Rosinen und die Gewürze hinzufügen und alles unter gelegentlichem Umrühren bei mäßiger Hitze weiterkochen, bis das Chutney dicklich wird.
6. Dann in Schraubgläser füllen, fest verschließen und kühl aufbewahren.

Zwetschgenchutney

Sie benötigen:

100 g getrocknete Birnen oder Äpfel
200 g getrocknete Zwetschgen
¼ l Obstessig
200 g Zwiebeln
5 EL Honig
50 g ungeschwefelte Rosinen
½ TL Salz
1 TL Piment
1 EL Ingwer
1 Msp. Cayennepfeffer

Und so wird's gemacht:
1. Die getrockneten Birnen und Zwetschgen sehr fein schneiden und in Obstessig etwa 2 Stunden quellen lassen.
2. Zusammen mit den feingewürfelten, nach Geschmack vorher leicht glasig gedünsteten Zwiebeln, dem Honig und den Rosinen aufkochen und unter ständigem Rühren zu einem dicken Mus kochen.
3. Mit den Gewürzen abschmecken, noch einmal aufkochen und sofort bis zum Rand in kleine Schraubgläser füllen. Diese fest verschließen.
4. So hält sich das Chutney in einem kühlen Raum oder im Kühlschrank etwa 2 bis 3 Monate.

Zwiebelrelish

Sie benötigen:

1 kg Zwiebeln
100 g grüne Paprikaschoten
300 g rote Paprikaschoten
3 EL Öl
knapp ⅛ l Weinessig
2 TL Salz
1 TL Paprikapulver
½ TL Piment
frisch gemahlenen Pfeffer

Und so wird's gemacht:
1. Die Zwiebeln schälen und grob würfeln. Die Paprikaschoten putzen und in feine Streifen schneiden.
2. Zwiebeln und Paprika in dem Öl andünsten. Mit dem Weinessig ablöschen, die Gewürze hinzufügen und alles bei leicht geöffnetem Deckel unter gelegentlichem Umrühren dicklich einkochen.
3. Noch einmal abschmecken, sofort in heiße Schraubgläser füllen und verschließen.

Tomatenketchup

Sie benötigen:

500 g Zwiebeln
2,5 kg Suppentomaten
¼ l Essig
2 TL Thymian
2 Stengel Liebstöckel
1 Bund feingehackte Petersilie
4 EL Honig
1 TL Paprikapulver
frisch gemahlene Muskatnuß
im Mullsäckchen
3 Lorbeerblätter
1 TL Pfefferkörner
1 TL Nelken
1 TL Koriander

Und so wird's gemacht:

1. Die Zwiebeln schälen und grob würfeln.
2. Die Tomaten waschen und vierteln.
3. Die vorbereiteten Zwiebeln und Tomaten zusammen mit dem Essig, den feingehackten Kräutern und Gewürzen in einen breiten Topf geben. Die festen Gewürze dabei in ein Mullsäckchen geben, damit man sie später leicht entfernen kann.
4. Alles etwa 30 Minuten kochen.
Das Mullsäckchen herausnehmen, die Tomatenmasse durch ein Sieb streichen und in einem Topf unter Rühren zu einer dicken Masse einkochen.
5. Sofort in Gläser mit Schraubverschluß füllen und fest verschließen.

Einlegen in Salz

Beim Einsalzen von Lebensmitteln entzieht das Salz, das bekanntlich stark wasserbindend wirkt, dem Gemüse oder den Kräutern Wasser. Mit diesem Prozeß wird (ganz ähnlich wie beim Dörren) gleichzeitig Schimmelpilzen und Fäulnisbakterien das zum Gedeihen nötige feuchte Milieu entzogen. So können eingesalzene Lebensmittel (denken Sie nur an das früher stark verbreitete Einpökeln von Fleisch) nicht faulen und sind ohne Erhitzen und Tiefgefrieren haltbar.

Allerdings hat diese einfache Konservierungsmethode mit nahezu unbegrenzter Haltbarkeit der Lebensmittel entscheidende Nachteile:

Eingesalzenes Gemüse muß vor seiner Verwendung gewässert werden, wobei ein großer Teil an Mineral-, Geschmacks- und wertvollen Inhaltsstoffen in das Wasser übergeht und damit verloren ist.

Inzwischen wissen wir auch, daß zuviel Salz unseren Kreislauf und unser Herz durch seine wasserbindende Wirkung belastet. Nicht zuletzt deshalb sollte man sich darum bemühen, stark salzhaltige Speisen zu meiden.

Aus diesen Gründen eignen sich Kräuter oder in Scheiben geschnittene Wurzelgemüse für Suppen und Soßen zum Einlegen in Salz am besten. Sie werden dann später nur wie ein Würzmittel verwendet, und man braucht dann dem jeweiligen Gericht kein zusätzliches Salz zuzufügen.

Und so wird's gemacht:

Kräuter und Gemüse sollten gewaschen, abgetrocknet und sehr fein zerkleinert werden, damit das Salz gut eindringen kann. Man schichtet sie möglichst eng in ein Gefäß und bestreut dabei jede Schicht mit Salz.

Dabei spielen Art und Größe des Gefäßes keine Rolle; es sollte lediglich gut gereinigt und wieder getrocknet sein. Der Inhalt kann ohne weiteres nach und nach verbraucht werden. Allerdings sollte man darauf achten, daß das Gefäß nach jeder Entnahme wieder sorgfältig mit dem entsprechenden Deckel oder mit Pergamentpapier verschlossen wird. Kräuter sollte man beim Aufbewahren unbedingt vor Licht schützen.

In Salz eingelegte Kräuter für Suppen und Soßen

Als Faustregel für das Einlegen gilt:
ein Drittel Salz und zwei Drittel Gemüse oder Kräuter.

Kräuter für Soßen oder Suppen

Es eignen sich: Petersilie, Schnittlauch, Basilikum, Kerbel, Liebstöckel, Borretsch.

Die Kräuter können einzeln oder aber auch gemischt eingesalzen werden. Dafür werden sie gewaschen, sorgfältig abgetrocknet und sehr fein geschnitten. Anschließend schichtet (oder stampft) man sie in ein Töpfchen, wobei man jede Lage mit Salz bestreut.

Suppengrün für Eintöpfe und Suppen

Es eignen sich Sellerie, Möhren, Lauch, Petersilienwurzeln, Petersilie, Basilikum, Liebstöckel und Zwiebeln.

Alles Gemüse wird gewaschen, geputzt, wenn nötig geschält und wie die Kräuter in sehr feine Stücke geschnitten.

Anschließend wird es gewogen und mit der entsprechenden Menge Salz vermischt.

Man schichtet es in Gläser und bewahrt diese kühl und dunkel auf.

Wer will, kann die Mischung auch vorher kurz in Öl andünsten.

Für die spätere Verwendung rechnet man dann etwa 1 Teelöffel eingesalzenes Suppengrün auf $1/2$ l Wasser.

Einlegen in Alkohol

Wie der Essig so hat auch der Alkohol eine stark konservierende Wirkung.

Es ist deshalb schon länger üblich, Früchte in Alkohol einzulegen, um sie später dann in verschiedenen Variationen als Dessert zu verwenden. Dabei ist die Haltbarkeit dieser eingelegten Früchte ganz entscheidend vom jeweiligen Alkoholgehalt des verwendeten Schnapses oder Rums abhängig. Außerdem setzt man den eingelegten Früchten üblicherweise Zucker zu, um die konservierende Wirkung des Alkohols zu unterstützen.

Am bekanntesten ist und am häufigsten praktiziert wird diese Methode beim Ansetzen eines **Rumtopfs.** Dabei garantiert der 54-Vol.-%-Rum eine lange Haltbarkeit. Außerdem harmoniert sein Aroma sehr gut mit Früchten aller Art. So werden dann im Laufe des Sommers nacheinander verschiedene Beeren und Früchte (ganz nach Geschmack) in einen Topf geschichtet und stets mit einer Lösung aus Rum und Honig begossen. Es versteht sich dabei von selbst, daß alle Früchte immer gut bedeckt sein müssen. Am besten drückt man sie deshalb beim Einfüllen stets vorsichtig mit einem Löffel unter die Oberfläche, damit sie sich schnell mit der Rumlösung vollsaugen.

Wenn der Topf voll ist, gibt man zur Vorsicht einige Eßlöffel reinen Alkohols auf die Oberfläche – auf diese Weise wird verhindert, daß der Inhalt zu gären beginnt. Anschließend wird der Topf dann am besten in einem kühlen Keller aufbewahrt und zum ersten Advent oder zu Weihnachten angebrochen.

Sie benötigen für etwa 3 kg absolut einwandfreie Früchte 2 Flaschen Rum (à 0,7 l mit 54 Vol.-%), etwa 750 g geschmacksneutralen Blütenhonig und 3 bis 5 EL reinen Alkohol (96 Vol.-%, erhältlich in Apotheken).

Da Alkohol ein reines Genußmittel ist, versteht es sich von selbst, daß so eingelegte Früchte nur in kleinen Mengen verwendet werden.

Im Laufe des Sommers werden nacheinander verschiedene Beeren in den Rumtopf geschichtet.

Einlegen in Öl

Legt man Gemüse in Öl ein, so verhindert das Öl, daß der Sauerstoff aus der Luft bis zu dem Eingelegten vordringen kann. Mikroorganismen benötigen jedoch zum Wachsen und Gedeihen Sauerstoff. Im Öl können sie sich deshalb nicht entwickeln, so daß das eingelegte Gemüse, die Kräuter (oder aber auch die Weichkäse) haltbar bleiben und gut ihren eigenen Geschmack bewahren. Praktiziert wird diese Methode hauptsächlich in südlichen Ländern (dort ist natürlicherweise Öl seit Jahrhunderten schon immer in reichem Maße vorhanden).

Und so wird's gemacht:

Damit sich auch wirklich keine Luftblasen im Öl bilden können, schüttet man zunächst etwas Öl in ein gut gesäubertes Gefäß, schichtet dann das zerteilte, kurz gedünstete, aber wieder abgetropfte Gemüse oder die Kräuter ein und füllt nach und nach mit Öl auf.

Um den Inhalt vor Staub zu schützen, wird das Gefäß stets gut verschlossen, dabei kann das Eingelegte aber ganz nach Bedarf nach und nach entnommen werden.

Wenn das Gefäß dann ganz leer ist, kann man in das gleiche Öl erneut Gemüse einschichten oder aber das Öl in der Küche verwenden.

Zum Einlegen verwendet man nur qualitativ hochwertige Öle.

Diese Methode des Haltbarmachens wird sich wohl auf wenige Ausnahmen beschränken, weil sie verhältnismäßig teuer ist.

Gewürzöle

In Öl eingelegte Kräuter entfalten in zwei bis vier Wochen ihr volles Aroma und können dann als Gewürzöle sehr gut in der Küche verwendet werden.

Während man zur Herstellung von Kräuteressig stets frische Kräuter verwendet, sollten für die Herstellung von Kräuterölen die frischen Kräuter besser zwei Tage zum Trocknen aufgehängt werden. Frische oder feuchte Kräuter können das Öl leicht trüb machen.

Geben Sie die ganzen getrockneten Kräuter in eine Flasche, und übergießen Sie sie mit so viel Öl, daß sie gut bedeckt sind. Die Flaschen werden gut verschlossen und für 2 bis 4 Wochen an einen kühlen Ort gestellt. Danach kann das Kräuteröl verwendet werden.

Basilikumöl

1 Zweig getrocknetes Basilikum
1 Zweig getrockneter Lavendel
2 Blätter getrockneter Salbei
¾ l Sonnenblumenöl

Kräuteröl

2 Zweige getrockneter Thymian
1 Zweig getrockneter Rosmarin
1 Lorbeerblatt
2 getrocknete Chilischoten
2 Gewürznelken
¾ l Olivenöl

Kräuter in Öl

Als Kräuter eignen sich besonders gut Petersilie, Schnittlauch, Estragon, Zitronenmelisse, Borretsch, Rosmarin, Pimpinelle und Liebstöckel.

Die Kräuter werden, wenn möglich, gar nicht gewaschen, sehr fein geschnitten und lagenweise in Gläschen gefüllt. Dabei wird jede Lage mit einer Prise (!) Salz bestreut und mit Öl abgedeckt, so daß keine Luft dazwischen bleibt. Über der obersten Schicht sollte das Öl fingerdick stehen. Anschließend wird das Glas verschlossen und möglichst kühl und dunkel aufbewahrt.

Im Gegensatz zu den Gewürzölen verwendet man hierbei frische Kräuter; sie sind allerdings dann auch nur etwa 3 Monate haltbar, können aber sehr gut für Salatmarinaden verwendet werden.

Provenzalischer Käsetopf

Sie benötigen:

½ l Öl

mehrere kleine Weichkäse

1 Zwiebel

1 Zweig getrockneter Thymian

1 Zweig getrockneter Rosmarin

2 Lorbeerblätter

je 1 EL schwarze und weiße Pfefferkörner

4 Wacholderbeeren

Und so wird's gemacht:
1. Zunächst gibt man etwas von dem Öl in ein passendes Gefäß.
Anschließend werden die Weichkäse zusammen mit der in Ringe geschnittenen Zwiebel, den Kräutern und Gewürzen eingeschichtet und mit dem restlichen Öl übergossen. Dabei muß die Oberfläche gut abgedeckt sein.
2. Das Glas wird gut verschlossen und kühl gestellt.

Pesto – italienische Basilikumsoße

Sie benötigen:

100 g Basilikum

40 g Pinienkerne oder Walnüsse

etwa ¼ l Olivenöl

Und so wird's gemacht:
1. Das Basilikum wird möglichst fein gehackt und mit den feingehackten Nüssen und dem Öl vermischt.
2. Anschließend wird es in ein Glas gefüllt. Als oberste Schicht übergießt man den Inhalt etwa fingerdick mit Öl.
In Italien wird Pesto zu Nudeln serviert; dafür sollten Sie die Soße dann vor dem Gebrauch noch mit geriebenem Käse, Kräutersalz, frisch gemahlenem Pfeffer und einer zerdrückten Knoblauchzehe mischen.

Säfte

Obst- und Gemüsesäfte sind etwas ganz Besonderes und sehr Gesundes – das jedenfalls ist die landläufige Meinung, die auch von der Werbung für Fruchtsäfte tagtäglich bestätigt wird.

Besonders betont wird dabei immer ihr hoher Vitamingehalt, dem eine enorme gesundheitsfördernde Wirkung zugeschrieben wird. Dies ist auch zum Teil richtig, denn Säfte enthalten tatsächlich Vitamine in großen Mengen, besonders wasserlösliche. Nur – wer sich einmal überlegt, auf welche Weise Säfte hergestellt werden, erkennt sehr schnell, daß es sich bei ihnen nicht um ein vollwertiges Lebensmittel handelt: wertvolle biologische Wirkstoffe und vor allem auch die für die Verdauung so wichtigen Ballaststoffe bleiben im sogenannten Trester zurück. Dabei spielt es keine Rolle, welche Methode der Saftzubereitung gewählt wurde.

Es ist daher nicht so, daß man »gesünder« wird, je mehr Säfte man trinkt. Denn viel hilft leider in diesem Fall nicht viel. Der Körper kann nur ein ganz bestimmtes Quantum an Vitaminen verwerten. Nach Untersuchungen von Prof. Kollath ist es sogar so, daß die wasserlöslichen Vitamine in den Säften vom Körper zum Teil gar nicht aufgenommen werden können, das heißt sozusagen nutzlos, manchmal sogar schädlich sein können, wenn ihm nicht gleichzeitig Wirkstoffe einer anderen Vitamingruppe zugeführt werden.

Außerdem kann ein übermäßiges Trinken von Säften zu Unverträglichkeiten mit anderer Kost (Vollkorn und Frischkost) und zu Unwohlsein führen.

Das liegt daran, daß Sie bei großem Durst zum Beispiel ohne weiteres den Saft von einem Kilogramm Äpfel trinken könnten. Wäre es aber auch möglich, auf einmal hintereinander ein Kilogramm Äpfel zu essen? Hier würde Ihre natürliche Eßbremse einsetzen, denn Sie müßten Stück für Stück abbeißen und sorgfältig kauen. Dieser für alle Verdauungsprozesse so wichtige vorbereitende Vorgang fehlt aber beim Trinken. Ihr Magen wird gleichsam mit großen Mengen an Nährstoffen, besonders an Zucker, überschüttet, der dann auch sehr schnell – meist schubweise – ins Blut übergeht. Ein rasches Ansteigen des Blutzuckerspiegels ist die Folge.

Gesunde werden mit diesen Schwankungen meist fertig, aber Kranke, die fälschlicherweise rohes Obst und Gemüse für schwer verdaulich halten und aus diesem Grunde oft reichlich Säfte trinken, erreichen oft statt einer Besserung eine Verschlechterung ihres Befindens.

So liegt es auf der Hand, daß Säfte keineswegs frisches Obst und Gemüse ersetzen können, zumal sie ja meistens auch noch nicht einmal roh, sondern pasteurisiert getrunken werden. Unter diesem Prozeß des Haltbarmachens leiden ja dann sowohl hitzeempfindliche Vitamine als auch pflanzliches Eiweiß und bisher noch nicht identifizierte Pflanzeninhaltsstoffe.

Ich möchte Sie durch diese Ausführungen jedoch nicht dazu anhalten, nun gar keine Säfte mehr herzustellen. Sie sollten sie allerdings mit Bedacht auswählen und trinken.

Reine Säfte sind keine Durstlöscher. Zu diesem Zweck sollte man sie stark mit Wasser verdünnt trinken (oder gleich auf Mineralwasser oder auf Kräutertee ausweichen). Große Mengen vor und zum Essen getrunken, blockieren außerdem den Appetit.

Trotzdem lohnt sich die Saftherstellung! Oft könnte man auch ohne Saftgewinnung eine große Beeren-, Birnen- oder Apfelernte gar nicht bewältigen.

Besonders Kinder mögen solche naturtrüben, selbstgemachten Säfte sehr gern. Sie sind sicherlich auch eine gute Alternative zu den gekauften gezuckerten Fruchtsäften, den Limonaden mit viel Zucker und künstlichen Farb-, Aroma- und Konservierungsstoffen oder gar den Cola-Getränken.

Auch immer mehr Erwachsene bevorzugen bei Geselligkeiten Säfte als Alternative zu den alkoholhaltigen Getränken.

Darüber hinaus kann man alle Säfte auch in

Säfte 81

der Küche überaus vielseitig verwenden: als erfrischende Bowle im Sommer, als wärmenden Fruchtpunsch oder -grog im Winter, als Fruchtsoße, Fruchtsuppe oder Bestandteil eines leckeren Nachtisches.

Auch Säfte in der Säuglingsernährung (hier sind frisches Obst und Gemüse zunächst noch keine Alternative), Säfte als Arzneimittel oder bei einer Fastenkur haben nicht die negativen Wirkungen, wie oben beschrieben. Zum einen möchte man hier nur ganz bestimmte Wirkstoffe verabreichen oder strebt einen teilweisen Nahrungsentzug an. Zum anderen werden in diesen Fällen die Säfte nie in großen Mengen getrunken, sondern löffelweise bedächtig geschluckt.

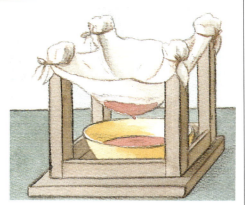

Tuchmethode

Auf kaltem Wege entsaften

Aus vielen saftreichen Früchten und Gemüsesorten (auch Kräutern) lassen sich Säfte herstellen.

Die Tuchmethode

Diese Methode wurde schon von unseren Großmüttern angewandt und ist ohne besondere Hilfsmittel möglich.

Hierfür werden die Früchte zerkleinert (zum Beispiel Äpfel oder Birnen) oder zerdrückt (zum Beispiel Johannisbeeren). Herkömmlicherweise bestreut man sie dann mit Zucker und läßt sie am besten über Nacht in einem kühlen Raum stehen.

Dies Verfahren gelingt auch ohne Zucker, wenn man den Fruchtbrei mit einer Lösung aus Weinstein- oder Zitronensäure (15 bis 20 g auf 1 l Wasser) ziehen läßt.

Wer Säfte ohne irgendwelche Zusätze herstellen will, kocht die Früchte vorher in sehr wenig Wasser weich und läßt sie stehen. Bei diesem Verfahren müssen Sie dann allerdings Verluste, besonders an hitzeempfindlichen Vitaminen, in Kauf nehmen. Auch geschmacklich sind große Unterschiede zu spüren.

Am nächsten Tag spannen Sie dann ein dünnes, kalt ausgespültes Baumwolltuch über die vier Beine eines umgedrehten Hockers, schütten den Obstbrei darauf und lassen den Saft dadurch ablaufen. Eine untergestellte Schüssel fängt ihn auf.

Der elektrische Entsafter

Elektrische Entsafter arbeiten sehr schnell und mit einer hohen Saftausbeute.

Das Obst oder Gemüse wird gewaschen, geputzt und eventuell etwas zerkleinert. Dann wird es in das Gerät gegeben.

Der Vorteil bei dieser Methode ist, daß man bereits sehr kleine Mengen, zum Beispiel für die Säuglingsernährung oder eine Saftkur, entsaften und sofort frisch verwenden kann. Die Säfte sind naturtrüb und schmecken sehr aromatisch. Außerdem enthalten sie auch noch sehr viele Wirkstoffe, da sie mit Schale und Kerngehäuse ausgepreßt wurden.

Der einzige Nachteil: man benötigt schon eine geraume Zeit, um das Gerät sorgfältig zu spülen.

Handbetriebene Saftpressen, Korbpressen, Mostereien

Alle diese Pressen arbeiten ähnlich wie der elektrische Entsafter, mit dem Unterschied, daß sie mechanisch betrieben werden und auch größere Mengen verarbeiten können. Das eingefüllte Obst wird durch immer enger werdende Schneckengänge zerkleinert und schließlich gepreßt und durch Siebe mit verschieden großer Lochstärke schließlich abgegeben. Ihre Arbeitsweise kann man mit einer Zentrifuge vergleichen. Der ausgepreßte Saft enthält noch Teile des Fruchtmarks, ist somit auf jeden Fall trüb, manchmal sogar flockig. In Gegenden mit vielen Streuobstwiesen, in denen jedes Jahr zentnerweise Äpfel und Birnen anfallen, die nicht lagerfähig sind, gibt es in vielen Dörfern Mostereien. Hier kann man sein eigenes Obst anliefern, ist beim Waschen, Zerkleinern und Pressen beteiligt und nimmt den eigenen Saft in Fässern gleich wieder mit nach Hause.

Kaltgepreßte Säfte haltbar machen

Frisch gepreßte Säfte sind leider nicht lange haltbar, sondern fangen sehr schnell an zu gären. Will man sie längere Zeit aufbewahren, muß man sie pasteurisieren.

Sie können dabei zwischen zwei Möglichkeiten wählen:

Sie erhitzen den Saft in einem Topf auf 75° C (unbedingt ein Thermometer verwenden). Damit der Saft sich gleichmäßig erwärmt, sollten Sie ihn dabei ab und zu umrühren. Sobald die gewünschte Temperatur erreicht ist, füllen Sie ihn mit Hilfe eines Trichters in saubere, vorgewärmte Flaschen. Dabei müssen die Flaschen randvoll sein, damit keine Luft mehr eindringen kann. Anschließend werden sie sofort mit Schraubverschlüssen oder ausgekochten Gummikappen verschlossen.

Danach läßt man sie (wie auf Seite 93 im Kapitel Einmachen beschrieben) langsam abkühlen. Die Säfte kühl, trocken und vor Licht geschützt aufbewahren.

Sie können aber auch den kalten Saft bis etwa 2 bis 3 cm unter den Rand in Flaschen abfüllen und diese in einem großen Topf im Wasserbad, im speziellen Einmachtopf oder in der mit Wasser gefüllten Fettpfanne des Backofens erhitzen.

Mit einem langen Thermometer messen Sie die Temperatur des Saftes in den Flaschen. Sobald diese 75° C beträgt, werden die Flaschen herausgenommen. Der Saft müßte sich jetzt infolge der Erwärmung bis zum Rand ausgedehnt haben (sollte dies nicht ganz der Fall sein, füllt man bis zum Rand mit kochendem Wasser auf).

Danach verschließt man die Flaschen sofort, wie auf Seite 93 beschrieben, und läßt sie langsam abkühlen.

Mit dem Dampfentsafter entsaften

Dampfentsafter sind Spezialtöpfe, die man schon lange im Haushalt verwendet. Mit ihnen kann man größere Mengen (bis zu 5 kg) auf einmal entsaften und gleichzeitig pasteurisieren.

So ein Dampfentsafter besteht aus drei Teilen: dem Wassertopf, dem Fruchtsieb und dem Saftabzapftopf.

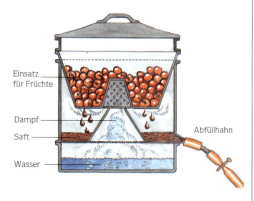

Ein Dampfentsafter im Querschnitt

Die Praxis des Dampfentsaftens

am Beispiel

Kirschsaft

Sie benötigen:

3 bis 4 kg Kirschen

Und so wird's gemacht:
1. Das Fruchtsieb mit den Kirschen füllen. Die Kirschen brauchen dafür nicht entsteint zu werden.

2. Den gefüllten Fruchtkorb in den Saftabzapftopf setzen. Achten Sie dabei darauf, daß das Röhrchen zum Saftabzapfen mit dem daraufsitzenden Gummischlauch und der dazugehörigen Klemme fest verschlossen ist.

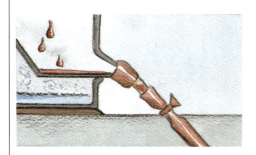

3. Durch den Wasserdampf werden die Früchte auf etwa 80° C erhitzt. Sie geben Saft ab, der sofort im Saftabzapftopf pasteurisiert wird.

Durch das Glasröhrchen kann man genau beobachten, in welchem Moment der erste Saft da ist.

4. Eine vorgewärmte Flasche in eine Schüssel stellen und den Saft einlaufen lassen. Dabei darf kein Schaum mehr im Flaschenhals stehen, er muß randvoll gefüllt werden. Lassen Sie also lieber den Saft etwas überlaufen und wischen den Hals dann sauber ab.
5. Die Flasche sofort mit Gummikappe, Schraub- oder Patentverschluß verschließen. Auf diese Weise wird eine Flasche nach der anderen abgefüllt. Langsam abkühlen lassen.

Entsaftungszeiten der verschiedenen Obstsorten

Frucht	Entsaftungszeit in Minuten
Äpfel	60 bis 70
Aprikosen	45 bis 60
Birnen	60 bis 75
Brombeeren	30 bis 45
Erdbeeren	30
Himbeeren	30
Johannisbeeren	45
Holunderbeeren	30 bis 45
Kirschen	45
Pflaumen	45
Quitten	60 bis 75
Rhabarber	30 bis 45
Stachelbeeren	45

Tips und Tricks

– Zum Entsaften brauchen Beeren nicht entstielt und Steinobst nicht entsteint zu werden, Kernobst wird mitsamt Schale und Kerngehäuse etwas zerkleinert.
– Wurzelgemüse wird zum Entsaften grob geraspelt.
– Es ist nicht nötig, das Obst mit Zucker zu bestreuen – weder für die Haltbarkeit noch für die Saftausbeute. Fruchtsäfte ohne Zucker schmecken viel aromatischer. Außerdem können Sie diese immer noch bei Bedarf später, wenn man sie trinkt oder verarbeitet, mit Honig süßen.
– Sammeln Sie für Ihre Säfte alte Flaschen: Flaschen mit Bajonett-(Bügel-)verschluß schließen absolut dicht.
Flaschen mit Schraubverschluß eignen sich auch ausgezeichnet – allerdings muß dieser unversehrt sein.
Alte Weinflaschen werden mit Gummikappen verschlossen.
– Weichen Sie die alten Flaschen für 12 bis 24 Stunden in Wasser ein. Reinigen Sie sie dann sehr gründlich mit einer Flaschenbürste und einem Spülmittel. Anschließend sollten sie sorgfältig mit viel klarem Wasser nachgespült und auf dem Kopf stehend getrocknet werden.
– Vor dem Einfüllen des Saftes erwärmt man sie am besten im Backofen bei 100° C 10 Minuten.
– Stark verschmutzte Gummikappen und Ringe von Bügelverschlüssen kocht man am besten in Salzwasser aus und spült sie in kochendem Wasser nach.
– Für das Abkühlen und Aufbewahren gelten die gleichen Empfehlungen wie auf Seite 93 im Kapitel Einmachen beschrieben.
– Wenn der Saft schimmelt, können Sie ihn nicht mehr verwenden. Es liegt allein daran, daß Sie die alten Flaschen nicht gründlich genug gereinigt oder die Temperatur beim Pasteurisieren nicht exakt eingehalten haben. Hier hilft nur genaues, sauberes und schnelles Arbeiten.

Rote-Bete-Saft
Die roten Bete werden unter fließendem Wasser gewaschen, gebürstet, aber nicht geschält, anschließend in der Küchenmaschine grob geraspelt und in den Fruchtkorb des Dampfentsafters gegeben.
Dort müssen sie etwa 60 Minuten kochen, bevor der Saft wie beschrieben heiß in Flaschen abgefüllt werden kann.
Für 1 Liter Saft benötigt man etwa 1½ kg rote Bete.

Tomatensaft
Die Tomaten werden gewaschen, abgetrocknet und geviertelt. Zusammen mit einigen grob gewürfelten Zwiebeln, grob geschnittener Petersilie und etwas Salz und Pfeffer werden sie in den Fruchtkorb des Dampfentsafters gegeben und etwa 45 bis 60 Minuten erhitzt. Dann kann der Tomatensaft wie beschrieben heiß in Flaschen abgefüllt werden.
Für 1 Liter Saft benötigen Sie etwa 2,5 kg Tomaten, 250 g Zwiebeln, 3 Bund Petersilie und je 1 Prise Pfeffer und Salz.

Vierfruchtsaft
Wie oben beschrieben im Dampfentsafter einen Saft aus knapp 2 kg roten Johannisbeeren, 1,5 kg Kirschen, 500 g schwarzen Johannisbeeren und knapp 1 kg Himbeeren oder Erdbeeren herstellen.

Holunderbeersaft
Man benötigt etwa 4 kg Beeren.
Die Holunderbeeren waschen, entstielen und in das Fruchtsieb des Dampfentsafters geben. Etwa 30 bis 45 Minuten im Dampfentsafter erhitzen und den Saft wie beschrieben in Flaschen abfüllen.

―― Variation ――

Die Holunderbeeren zur Hälfte mit grob zerkleinerten Äpfeln mischen.

Quittensaft

Die Quitten mit einem Tuch gründlich abreiben, nicht schälen, aber zerteilen. Im Dampfentsafter 60 bis 75 Minuten erhitzen und wie beschrieben abfüllen.

Variation

Quitten können mit Birnen, Äpfeln und Holunderbeeren ganz nach Geschmack gemischt werden.

Tip

Gekühlter Quittensaft mit Eiswürfeln und Sodawasser ist ein erfrischendes Getränk im Sommer.

Schlehensaft

Für diesen Saft sollten die Schlehen erst nach dem ersten Frost gepflückt werden, denn dann sind sie weniger herb.

Die Schlehen verlesen, gut waschen und abgetropft in einen Topf geben. Kochendes Wasser darübergeben, bis die Schlehen vollständig bedeckt sind. So mindestens einen Tag stehen lassen.

Dann den Saft abgießen, noch einmal aufkochen und wieder über die Schlehen gießen. In einem kühlen Raum stehen lassen und den ganzen Vorgang am nächsten und übernächsten Tag wiederholen.

Dann den Saft am besten durch ein Mulltuch abgießen, aufkochen und sofort in vorgewärmte kleine Flaschen füllen und diese sofort verschließen.

Teepunsch

Sie benötigen:

2 bis 3 unbehandelte Orangen
1 unbehandelte Zitrone
1 unbehandelte Grapefruit
6 TL fermentierte Brombeerblätter
1 l Wasser
¾ l Fruchtsaft nach Geschmack: Apfelsaft, frisch gepreßter Orangensaft oder Quittensaft
2 bis 4 EL Honig
etwas Zitronensaft

Und so wird's gemacht:
1. Die Orangen und die Zitrone mit einem Messer spiralförmig, die Grapefruit wie gewohnt schälen. Anschließend die weiße Haut der Orangen entfernen und die Orangen- und die Grapefruitspalten in Würfel schneiden.
2. Die Fruchtwürfel mit der Zitronen- und Orangenschale in ein feuerfestes Gefäß geben.
3. Aus den Brombeerblättern einen Tee kochen, 10 Minuten ziehen lassen, durch ein Sieb abgießen und zusammen mit dem frisch ausgepreßten Orangensaft oder einem anderen Fruchtsaft über die Fruchtwürfel gießen. Mit Honig und Zitronensaft abschmecken und heiß servieren.

Obstbowle

Sie benötigen:

½ l Wasser
4 TL Malven oder Hagebutten
1 bis 2 EL Honig
Zitronensaft
Schale von einer unbehandelten Zitrone
½ l Erdbeersaft
250 g Erdbeeren
Eiswürfel

Und so wird's gemacht:
1. Aus dem Wasser und den Malven einen Tee zubereiten. 10 Minuten ziehen lassen, durch ein Sieb abgießen und mit dem Honig und Zitronensaft abschmecken.
2. In ein Serviergefäß geben, die Zitronenschale hinzufügen und gekühlt ziehen lassen.
3. Vor dem Servieren den Erdbeersaft, die halbierten Erdbeeren und die Eiswürfel hinzufügen.

――――――― **Tip** ―――――――

Die Bowle schmeckt auch mit Apfelsaft und Apfelstückchen, Traubensaft und halbierten Trauben usw.

Schnelle grüne Grütze

Sie benötigen:

¾ l Apfelsaft
¼ TL Vanille
1 EL Honig
1 EL Zitronensaft
1½ TL Agar-Agar
2 Kiwi oder 250 g Weintrauben

Und so wird's gemacht:
1. Den Apfelsaft mit der Vanille, dem Honig, dem Zitronensaft und dem Agar-Agar verrühren und langsam auf etwa 70°C erhitzen.
2. Die Kiwi schälen, in dünne Scheiben schneiden und in eine Glasschüssel legen. Weintrauben werden halbiert und entkernt.
3. Die Apfelsaftmischung vorsichtig dazugießen und langsam erkalten lassen. Der Saft wird vollständig steif, wenn er kalt geworden ist.
4. Gut gekühlt mit Vanillesauce servieren.

――――――― **Tip** ―――――――

Die Grütze schmeckt auch mit einem Vierfruchtsaft oder nur mit einem Beerensaft.

Holunderbeersuppe

Sie benötigen:

2 Birnen
2 Äpfel
etwa ¾ l Holunderbeersaft
¼ bis ½ l Wasser
2 Nelken
Saft einer halben Zitrone
1 TL Zimt
2 EL Honig, nach Geschmack auch mehr

Und so wird's gemacht:
1. Die Birnen und Äpfel schälen, vom Kerngehäuse befreien und in Würfel oder dünne Spalten schneiden.
2. Mit Wasser und Nelken zum Holundersaft geben und vorsichtig darin glasig dünsten.
3. Mit Honig, Zimt und Zitronensaft abschmecken und sofort heiß servieren.

——————— Tip ———————

Dazu schmecken süße Hirse- oder Maisklößchen sehr gut.

Haltbarmachen durch Hitzeeinwirkung

Erst seit gut 100 Jahren werden Lebensmittel durch Hitzeeinwirkung haltbar gemacht.
Obst und Gemüse werden dabei in sogenannten Einmachgläsern (mit passendem Deckel, Gummiring und Klammer) erhitzt. Durch diesen Prozeß werden die in den Lebensmitteln enthaltenen Keime abgetötet. Die in den Gläsern enthaltene Luft erwärmt sich, dehnt sich also aus, und entweicht zum Teil. Kühlt das Glas samt Inhalt nun ab, zieht sich die im Glas verbliebene Luft zusammen. Es entsteht ein Unterdruck; der Luftdruck von außen drückt auf den Glasdeckel. Dank des Gummiringes können keine neue Luft und damit auch keine neuen Keime in das Glas eindringen. Alles ist hermetisch abgeschlossen und dadurch natürlich sehr lange haltbar.
Entscheidend für den Erfolg der Konservierung ist allein die richtige Hitzeeinwirkung und die Dichtigkeit der Gläser. Zucker und Salz, die oft hinzugefügt werden, haben keinen Einfluß auf die Haltbarkeit.
Im Haushalt wird diese Konservierungsart landläufig als »Einmachen« bezeichnet; die Industrie hat diese Methode bei der Konservenherstellung übernommen.
Meist wird dabei aber nicht genau unterschieden, ob es sich bei der Hitzeeinwirkung um ein Pasteurisieren oder Sterilisieren handelt.
Mit Hilfe des **Pasteurisierens** werden hauptsächlich Säfte (siehe Seite 83), Milch und Bier haltbar gemacht. Man erhitzt diese Produkte nur kurze Zeit auf Temperaturen um 75°C. Der Vorteil: Die meisten Mikroorganismen wie Hefe- und Schimmelpilze werden dadurch schon abgetötet, Farbe, Aromastoffe und wertvolle Vitamine bleiben aber besser erhalten als bei höheren Temperaturen. Das auf Seite 94 beschriebene Heißeinfüllen von Obst kann in dieser Hinsicht mit dem Pasteurisieren verglichen werden.
Beim **Sterilisieren** werden Temperaturen bis zu 100°C (und mehr) erreicht. Damit werden sämtliche Mikroorganismen einschließlich ihrer Dauerformen (Sporen) abgetötet. Durch die relativ lange und hohe Hitzeeinwirkung werden aber gleichzeitig auch viele Vitamine und Aromastoffe zerstört, Geschmack und Nährstoffgehalt verändern sich zum Teil.
Damit ist bereits der entscheidende Nachteil des Sterilisierens aufgezeigt. Man sollte sich also stets sehr genau überlegen, ob nicht eine bessere Konservierungsart für das jeweilige Obst und Gemüse zur Verfügung steht und, wenn möglich, dem Pasteurisieren oder Heißeinfüllen den Vorzug geben.
Der Vorteil dieser Konservierungsmethoden liegt – neben der langen Haltbarkeit – vor allem darin, daß sich die Gläser im Handumdrehen öffnen lassen und der Inhalt sofort zum Verzehr oder zur Weiterverarbeitung zur Verfügung steht.

Das Einmachen

Geräte

Für das Einmachen eignen sich sogenannte »Weckgläser« mit passenden Glasdeckeln und dazugehörigen Gummiringen. Dabei sollte der Rand der Gläser keine Unebenheiten aufweisen; die Gummiringe müssen weich und geschmeidig sein (nicht brüchig oder klebrig). Der Deckel wird mit Klammern oder Bügeln auf den Glasrand gepreßt.
Auch Schraubgläser mit einem gut funktionierenden Schraubverschluß können verwendet werden. Überprüfen Sie die Gläser vorher aber unbedingt auf ihre Unversehrtheit, sonst kann später alles verderben, und Ihre ganze Arbeit war umsonst.
Neben den üblichen Küchengeräten wie Küchenmesser, Kirsch- und Pflaumenentstei-

Haltbarmachen durch Hitzeeinwirkung

Diese Geräte benötigen Sie zum Einmachen. Ein Einfülltrichter ist besonders praktisch, weil damit die Ränder der Gläser sauber bleiben.

ner, Rühr- und Schaumlöffel, Waage und Meßbecher benötigen Sie außerdem einen genügend großen Topf (wenn Sie keinen speziellen Einkochtopf besitzen), oder Sie verwenden die Fettpfanne des Backofens.
Wenn Sie auf den Boden des Topfes einen Rost oder etwas Ähnliches legen, wird damit ein heftiges Aufschlagen der Gläser beim Kochen gebremst.
Praktisch sind auch Einfülltrichter in verschiedenen Größen, damit der Rand der Gläser sauber bleibt.

Vorbereitung für das Einmachen

Obst und Gemüse
Verwenden Sie für das Einmachen nur tadelloses Obst und Gemüse, das frisch und gut ausgereift ist. Es sollte vor dem Einkochen nur möglichst kurz gelagert werden – also am besten am Tag der Ernte oder des Einkaufes verarbeiten. Erst unmittelbar vor dem Einkochen wird alles kurz, aber gründlich unter kaltem Wasser gewaschen und dann eventuell entstielt, entsteint oder zerkleinert.

Die Gläser
Peinliche Sauberkeit ist das oberste Gebot: Die Gläser müssen gründlich gereinigt und gut mit heißem Wasser nachgespült werden. Gummiringe kocht man am besten aus und beläßt sie im heißen Wasser bis zum Verschließen der Gläser.

Gläser füllen und verschließen

Die Gläser werden nur bis etwa 2 cm unter den Rand mit Obst und Gemüse gefüllt, die verwendete Flüssigkeit wird darübergegossen und sollte das Einmachgut gut bedecken. Vor dem Verschließen kontrollieren Sie, ob der Rand des Einmachglases absolut sauber

Das Einmachen 93

Beim Einmachen ist Sauberkeit das erste Gebot. Gläser, Deckel und Gummiringe müssen sorgfältig gereinigt werden.

ist. Sollte es nicht der Fall sein, wischen Sie ihn mit einem Tuch ab.
Beim Heißeinfüllen sollten Sie unbedingt einen Trichter verwenden, damit die Ränder gar nicht erst verschmutzen und Sie schnell und zügig arbeiten können.
Erst dann werden die nassen Gummiringe und die Deckel aufgelegt und mit den Bügeln verschlossen.

Gläser abkühlen lassen

Nach dem Einkochen oder Heißeinfüllen müssen die Gläser langsam abkühlen.
Zu diesem Zweck stellt man sie am besten in heißem Zustand auf Holzbretter, einen Rost oder Tücher. Bei Schraubgläsern zieht man den Deckel noch einmal kurz nach und stellt sie dann für einige Minuten auf den Kopf, damit sich ein Vakuum bilden kann.
Alle Gläser bedeckt man gut mit Tüchern und schützt sie vor Zugluft und Lichteinstrahlung. Erst nach dem völligen Abkühlen der Gläser nimmt man die Bügel ab und überprüft, ob der Deckel fest auf dem Rand sitzt und ob keine Blasen aufsteigen.
Man läßt die Gläser noch einen Tag im Warmen stehen, damit auch die Gummiringe gut trocknen können.
Gläser mit Schraubdeckel sollten in der Mitte eine leichte Mulde aufweisen.

Das Aufbewahren

Alle Einmachgläser werden kühl, trocken und vor Licht geschützt aufbewahrt.
Auch während der nächsten Wochen ist eine regelmäßige Kontrolle empfehlenswert, damit nicht geschlossene Gläser möglichst bald verbraucht werden können.

Die Praxis des Heißeinfüllens

am Beispiel

Zwetschgen

Sie benötigen für ein 1-l-Glas:

750 bis 900 g Zwetschgen
50 g Honig
½ l Wasser
1 Vanilleschote
1 Zimtstange

Und so wird's gemacht:

1. Honig und Wasser mit den Gewürzen in einem ausreichend großen Topf erhitzen.
2. Die gewaschenen und entsteinten Zwetschgen in die kochende Flüssigkeit geben und etwa 2 Minuten kochen.

3. Die Früchte mit einem Schaumlöffel in das heiße Einmachglas bis etwa 2 cm unter den Rand füllen.
Sowohl die Deckel als auch die Gläser müssen auf etwa 70° C vorgewärmt werden. Dies erreicht man am besten, wenn man das mit heißem Wasser gefüllte Einmachglas in einem heißen Wasserbad stehen läßt. Unmittelbar vor dem Einfüllen leert man das Glas und füllt die Früchte in das im Wasserbad stehende Einmachglas. So treten die geringsten Wärmeverluste auf.

4. Die Honiglösung noch einmal aufkochen lassen und schnell über die Früchte gießen. Dabei sollte das Glas nahezu randvoll werden.

5. Das Glas schnell mit Gummiring, Deckel und Klammer verschließen. Schraubgläser werden zugedreht.

Für das Heißeinfüllen eignen sich:

Äpfel	geschält, entkernt, in Spalten
Aprikosen	entsteint und halbiert
Birnen	geschält, entkernt und geviertelt
Mirabellen	ganz, mit Steinen
Pfirsiche	halbiert, entsteint, geviertelt
Renekloden	mit und ohne Stein, ganz oder halbiert
Rhabarber	in Stücke geschnitten
Sauerkirschen	mit und ohne Stein
Süßkirschen	mit und ohne Stein
Zwetschgen	mit und ohne Stein, ganz oder halbiert

Tips und Tricks

– Das Heißeinfüllen ist eine schnelle und sichere Methode. Da auch nur ein einzelnes Glas ohne Mühe und besondere Hilfsmittel konserviert werden kann, eignet sie sich auch sehr gut für kleine Haushalte.

– Für ein 1-Liter-Glas benötigen Sie etwa 750 bis 900 g Früchte und etwa 0,4 l Flüssigkeit zum Zufüllen. Dafür können Sie Wasser allein, eine Honiglösung (auf 1 l Wasser 100 g Honig) oder Fruchtsaft verwenden und alles nach Geschmack mit Gewürzen wie Zimt, Vanille, Ingwer, Nelken und Orangen verfeinern.

– Wichtig für ein gutes Gelingen ist ein sauberes und schnelles Arbeiten. Wer Bedenken hat, daß es bei ihm nicht schnell genug geht, kann vor dem Verschließen einen Eßlöffel Rum (54 Vol.-%) auf den umgedrehten Glasdeckel gießen. Der Rum wird am besten mit einem langen Streichholz angezündet. Nun wird der Deckel mit dem brennenden Alkohol rasch auf das Glas gestülpt, fest angedrückt und mit einer Klammer gesichert.

Welche Früchte sich neben Zwetschgen gut zum Heißeinfüllen eignen, können Sie der Tabelle entnehmen.

Die Praxis des Sterilisierens

am Beispiel

Grüne Bohnen

Sie benötigen:

etwa 1 kg grüne Bohnen
1 TL Salz
1 l Wasser
Bohnenkraut

Und so wird's gemacht:
1. Das Wasser mit dem Salz aufkochen und abkühlen lassen.
2. Die gewaschenen und geputzten Bohnen mit dem Bohnenkraut in ein Einmachglas schichten.

3. Mit dem abgekochten Salzwasser auffüllen und die Gläser verschließen.

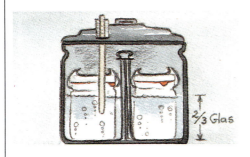

4. Die Gläser in einen mit Wasser gefüllten großen Topf oder einen speziellen Einmachtopf stellen. Sie dürfen sich dabei nicht berühren. Das Wasser sollte die Gläser zu zwei Dritteln bedecken.

5. Anschließend das Wasser mitsamt den Gläsern langsam erhitzen. Die Einkochzeit beginnt erst, wenn das Wasser zu sieden beginnt. Es sollte aber nicht sprudeln.
6. Die Bohnen bei geschlossenem Deckel 90 Minuten sterilisieren.
Sie können, wenn Sie keinen Einmachtopf oder einen ausreichend großen Topf haben, auch im Backofen sterilisieren.
Zu diesem Zweck wird ein normaler Backofen mit Ober- und Unterhitze auf 200° C, ein Heißluftherd auf 175° C aufgeheizt.
Die gefüllten Gläser stellt man nebeneinander, ohne daß sie sich berühren, in die mit heißem Wasser gefüllte Fettpfanne. Man erhitzt so lange, bis der Inhalt in den Gläsern perlt. Das dauert im Backofen etwa 60 bis 70 Minuten, im Heißluftherd 40 bis 50 Minuten. Erst dann beginnt die eigentliche Einkochzeit.
Befindet sich in den Gläsern Obst, schaltet man den Backofen jetzt aus und sterilisiert die Gläser in der Nachwärme. Nach 20 bis 30 Minuten können sie dann herausgenommen werden.
Wenn Sie Gemüse einkochen, bleibt der Backofen (Heißluftherd) noch 30 Minuten auf 200° C bzw. 175° C, danach schaltet man ihn aus und kann nach weiteren 30 Minuten auch die Gemüsegläser herausnehmen.

Einkochzeiten

(Alle Temperatur- und Zeitangaben beziehen sich auf 1-Liter-Gläser)

Beerenobst: 20 bis 30 Minuten bei 80° C

Steinobst: 25 bis 30 Minuten bei 80° C

Kernobst: 30 bis 40 Minuten bei 90° C

Wenn Sie das Obst vordünsten, verringert sich die Einkochzeit um 10 bis 15 Minuten.

Bohnen und Erbsen: 120 Minuten bei 98° C

Wurzelgemüse: 60 bis 90 Minuten bei 98° C

Blumenkohl, Kohlrabi: 90 Minuten bei 98° C

Pilze: 60 Minuten bei 98° C

Tomaten: 20 bis 30 Minuten bei 98° C

Auch hier verringert sich die Einkochzeit um 20 bis 30 Minuten, wenn das Gemüse bereits gedünstet ist.

Gemüsesorten wie Bohnen lassen sich besonders gut durch Sterilisieren haltbar machen.

Sauer konservierte Pilze

Sie benötigen:

1 bis 2 kg Pilze
2 Möhren
2 bis 3 Zwiebeln
1 TL Senfkörner
2 bis 3 Lorbeerblätter
1 TL Pfefferkörner
1 TL Salz
Essig nach Geschmack

Und so wird's gemacht:
1. Die Pilze gründlich säubern und putzen. Die Möhren putzen und in Scheiben schneiden, die Zwiebeln schälen und in feine Ringe schneiden.
2. Wasser mit den Gewürzen mindestens 15 Minuten kochen, nach Geschmack Essig dazugeben.
3. Die Pilze mit den Möhrenscheiben und den Zwiebelringen in Einmachgläser füllen.
4. Die eingeschichteten Gemüse mit dem Essigwasser übergießen.
5. Die Gläser verschließen und 30 Minuten bei 98°C sterilisieren.

Tomatenmark

Sie benötigen:

Tomaten
Salz
Pfeffer

Und so wird's gemacht:
1. Die reifen Tomaten kreuzweise einschneiden und mit kochendem Wasser übergießen.
2. Anschließend die Haut mit einem spitzen Messer abziehen.
3. Die Tomaten kleinschneiden und mit etwas Salz und Pfeffer mindestens 20 Minuten kochen und eindicken.
4. Das Tomatenmark sofort kochendheiß in die Gläser füllen, den Deckel aufsetzen und sorgfältig verschließen.

――― Variation ―――

Wer sein Tomatenmark gleich mit Gewürzen, frischen Kräutern, Zwiebeln und Knoblauch pikant abschmecken möchte, sterilisiert die Gläser am besten noch 20 Minuten bei 90°C.

Omas Apfelkompott

Sie benötigen:

½ l Wasser oder Apfelsaft
50 g Honig
50 g Ingwerwurzel
Saft von einer Zitrone
Schale von einer unbehandelten Zitrone
1 Zimtstange
Etwa 1 kg säuerliche Äpfel
Rosinen nach Geschmack

Und so wird's gemacht:
1. Das Wasser oder den Apfelsaft mit dem Honig, der geschälten und geriebenen Ingwerwurzel, dem Zitronensaft, der Zitronenschale und der Zimtstange aufkochen.
2. Die geschälten und in Spalten geschnittenen Äpfel sowie die Rosinen hinzufügen und 2 bis 3 Minuten kochen lassen.
3. Mit einem Schaumlöffel herausnehmen und in das Glas schichten.
4. Die Zitronenschale und die Zimtstange aus der Flüssigkeit nehmen, diese noch einmal aufkochen und über die Apfelscheiben gießen, bis das Glas randvoll ist.
5. Das Glas wie beschrieben verschließen und abkühlen lassen.

Sauerkirschen

Sie benötigen:

etwa 1 kg Sauerkirschen

$\frac{1}{2}$ l Wasser

70 g Honig

Und so wird's gemacht:
1. Die Sauerkirschen entsteinen.
2. In dem Wasser 70 g Honig auflösen und die Lösung zum Kochen bringen.
3. Die Sauerkirschen in die kochende Flüssigkeit geben und etwa 2 Minuten kochen lassen.
4. Mit einem Schaumlöffel herausnehmen und in ein Glas bis 2 cm unter den Rand schichten.
5. Die Honiglösung noch einmal aufkochen, sofort die Kirschen damit übergießen (bis zum Rand) und das Glas wie beschrieben verschließen und abkühlen lassen.

Marmeladen, Konfitüren und Gelees

Den größten Teil der Vorratshaltung hat uns ja bekanntlich die Industrie abgenommen. Trotzdem lassen es sich viele nicht nehmen, jedenfalls die eigene Marmelade einzukochen. Es geht ihnen dabei nicht so sehr um die Verwertung des sommerlichen Obstsegens, sondern um den Geschmack. Sei es, daß sie traditionelle Rezepte verwenden oder neue raffinierte Geschmacksrichtungen für besondere Gelegenheiten ausprobieren.

Diese üblichen Marmeladen, Konfitüren und Gelees sind allerdings allesamt aus der Ökoküche verbannt, bestehen sie doch zu einem hohen Prozentsatz aus Zucker. Er übernimmt in Verbindung mit dem Kochprozeß die Konservierung, so daß diese Marmeladen ein Jahr und länger haltbar sind.

Es ist inzwischen hinlänglich bekannt, daß ein hoher Zuckerkonsum zu gesundheitlichen Schäden führt. Zum einen nämlich erzeugt dieser isolierte Zucker (Haushaltszucker, brauner Zucker, chemisch hergestellter Frucht-, Trauben- und Milchzucker) Karies, zum anderen kann er aber auch zum Entstehen von Übergewicht beitragen, das wiederum als Risikofaktor für Arteriosklerose gilt und das Entstehen von Diabetes begünstigt. Weiterhin kann Zucker die Darmflora negativ beeinflussen und die Unverträglichkeit anderer Lebensmittel (Vollkorn und Frischkost) bewirken.

Er enthält weder Ballaststoffe noch Vitamine, Mineralstoffe und Spurenelemente und ist deshalb ein leerer Kalorienträger, der für seinen Stoffwechsel Vitamin B_1 verbraucht und die Bauchspeicheldrüse durch den sprunghaften Blutzuckeranstieg nach seinem Verzehr belastet.

Bedenken Sie, daß Sie ja üblicherweise Zucker nicht nur in Verbindung mit Marmeladen konsumieren, sondern in reichem Maße auch in Fruchtsäften, Limonaden, Instantgetränken, Süßigkeiten, Eis, Kuchen, Fruchtjoghurt, Fertiggerichten aller Art zu sich nehmen.

Hinzu kommt, daß Marmelade in der Ökoküche eigentlich ein vollkommen entbehrliches Nahrungsmittel ist. Denn im Mittelpunkt eines gesunden Frühstücks steht ja nicht das übliche Marmeladenbrötchen, sondern ein Müsli aus Getreideflocken oder frisch geschrotetem oder gekeimtem Getreide. Es wird durch Nüsse, Sonnenblumenkerne, Trockenfrüchte, Gewürze und Milchprodukte verfeinert. Richtig schmackhaft wird das Müsli durch viel frisches Obst, das der jeweiligen Jahreszeit entsprechend ausgewählt wird.

Wer aber trotzdem – aus welchen Gründen auch immer – auf Marmelade nicht verzichten möchte, hat auch in der Ökoküche verschiedene Möglichkeiten, Marmeladen, Konfitüren und Gelees ohne Zucker herzustellen. Diese schmecken meist sehr fruchtig und eignen sich deshalb nicht nur als Brotaufstrich, sondern auch als Füllung und Belag von Keksen, Torten, Kleingebäck, Pfannkuchen und Waffeln.

Allerdings – und das sollte nicht verschwiegen werden – sind solche Marmeladen nicht so lange haltbar wie die üblichen.

Marmeladen, Konfitüren und Gelees

Marmeladen, Konfitüren und Gelees

Roh gerührte Marmeladen und Marmeladen aus getrockneten Früchten schmecken besonders fruchtig.

Roh gerührte Marmeladen

Für diese Marmeladen eignen sich besonders gut Erdbeeren, Brombeeren und Himbeeren. Die gewaschenen und geputzten Früchte werden mit Honig zu einer homogenen Masse verrührt. Die roh gerührten Marmeladen schmecken besonders fruchtig und sollten möglichst frisch gegessen werden. So können Sie sicher sein, daß alle Vitamine und Aromastoffe bestmöglich erhalten bleiben.
Roh gerührte Marmeladen halten sich im Kühlschrank etwa 10 bis 14 Tage.

―――― Tip ――――

Man kann solche Marmeladen auch im Winter in kleinen Portionen aus tiefgekühlten Früchten herstellen.

Marmeladen aus getrockneten Früchten

Solche Marmeladen können aus getrockneten Zwetschgen, Aprikosen, Pfirsichen, Feigen stets frisch hergestellt werden. Dazu werden die getrockneten Früchte zerkleinert, für einige Stunden in Wasser eingeweicht und anschließend mit dem Schneidstab des Handrührgerätes zu einer homogenen Masse verrührt.
Diese Marmeladen sind von Natur aus so süß, daß man keine zusätzlichen Süßungsmittel (Honig) braucht. Sie können sie allerdings mit einigen Gewürzen (Zimt, Ingwer, Vanille, Nelken) und gemahlenen Nüssen verfeinern.
Im Kühlschrank hält sich eine Marmelade aus getrockneten Früchten etwa 14 Tage (vergleiche auch Seite 48).

Diese Marmeladen sind länger haltbar als die aus frischen Früchten in kleinen Portionen hergestellten roh gerührten Marmeladen.

Gekochte Marmeladen, Konfitüren und Gelees

Länger dagegen halten sich Marmeladen, die mit einem natürlichen, pflanzlichen Geliermittel gekocht werden.

In der Ökoküche werden hierfür Agar-Agar oder Unigel verwendet. Beide werden in das heiße Fruchtpüree eingerührt, das man kurz kocht und dann sofort in Schraubgläser füllt. Solche Marmeladen, Konfitüren und Gelees süßt man ganz nach Geschmack mit wenig Honig, Ahornsirup, Apfel- oder Birnendicksaft, getrockneten Früchten oder einfach durch die Kombination von herben mit süßen Früchten. Außerdem fügt man eventuell noch etwas Zitronensaft hinzu, das fördert den Gelierprozeß und hebt den Geschmack. Solche gekochten Marmeladen sind – je nach verwendetem Geliermittel – zwischen 2 und 8 Monaten haltbar.

Obstmus

Beim Einkochen von Obstmus wird die Haltbarkeit durch den relativ hohen natürlichen Zuckergehalt und durch das Verdampfen eines Großteils des in den Früchten enthaltenen Wassers erreicht.

Für solche Obstmuse sind stets große Mengen an Früchten erforderlich. Denn das Obst wird (oft auch in Verbindung mit Säften) so lange stark eingekocht, bis es in dicken Klumpen schwer vom Löffel fällt. Daß bei diesem langen Kochprozeß alle hitzeempfindlichen Vitamine zerstört werden, liegt auf der Hand. So empfiehlt sich diese Methode eigentlich auch nur für Leute, die große Mengen an Früchten zu verarbeiten haben.

In Schraubgläsern abgefülltes Obstmus ist in der Regel 6 bis 8 Monate haltbar.

Tips und Tricks

– Verwenden Sie stets gut ausgereiftes Obst. Unreifes Obst hat noch nicht das volle Aroma, überreifes Obst enthält weniger Pektine (sie bewirken das Gelieren) und verdirbt leichter.

Alle Früchte sollten am besten am Tage der Ernte oder des Kaufs verarbeitet werden.

– Verschließen Sie Ihre Marmeladengläser nicht mit Cellophan, sondern verwenden Sie nur Schraubgläser mit einwandfreiem Deckel.

Die Gläser und Deckel sollte man heiß mit einem Spülmittel reinigen, klar nachspülen und umgedreht auf sauberen Küchenhandtüchern trocknen lassen. Vor dem Einfüllen sollten sie heiß ausgespült oder im Backofen für kurze Zeit auf 100°C erhitzt werden.

– Verwenden Sie zum Marmeladekochen einen großen, hohen Kochtopf, der möglichst nur zur Hälfte mit dem Fruchtbrei gefüllt sein sollte. Nur so kann die Masse nicht überkochen.

– Die Marmelade wird bis knapp unter den Rand in die Gläser gefüllt und sofort nach dem Verschließen für etwa 5 Minuten mit dem Deckel nach unten auf ein feuchtes Tuch gestellt. Auf diese Weise entsteht ein Vakuum, das vor äußeren Einflüssen schützt.

– Konfitüregläser kann man einige Stunden lang auf dem Kopf stehenlassen, weil sich dadurch die Fruchtstückchen gleichmäßiger im Glas verteilen.

– Lassen Sie die Marmeladen langsam abkühlen. Schützen Sie sie dabei vor Lichteinfall (am besten decken Sie dazu die Gläser mit einem Geschirrhandtuch ab), und bewegen Sie sie nicht. Der Geliervorgang ist erst nach einem Tag endgültig abgeschlossen.

– Damit im Winter kein großes Rätselraten stattfindet, sollten Sie alle Gläser genau beschriften. Das sieht nicht nur sehr schön aus, sondern ist auch zum Sammeln von Erfahrungen wichtig.

– Alle Gläser sollten kühl, dunkel, aber nicht feucht aufbewahrt werden. Geöffnete Gläser gehören in den Kühlschrank.

Achtung: Marmeladen, Konfitüren und Gelees, auf denen sich Schimmel gebildet hat, sollten nicht mehr verzehrt werden!

– Agar-Agar wird aus den Zellwänden der Rotalgen gewonnen, pulverisiert und abgepackt in Tüten verschiedener Größenordnung in Naturkostläden und Reformhäusern vertrieben. Probiert man es roh, hat es einen leicht salzigen Geschmack (Meeresprodukt), den man jedoch beim Auflösen in der Flüssigkeit nicht mehr schmeckt.

Agar-Agar hat eine sehr hohe Gelierkraft. Es quillt in der kochenden Flüssigkeit und erstarrt beim Abkühlen zu steifem Gelee. (7,5 g Agar-Agar entsprechen 6 Blatt Gelatine.)

– Unigel ist ein Geliermittel, das in der Schweiz hergestellt wird. Es besteht aus Apfelpektin und Fruchtzucker und wird in 30-g-Tütchen im Handel angeboten. So ein Beutel ist ausreichend für 1 kg Früchte oder eine entsprechende Menge Saft. Vertrieben wird Unigel von »Biogarten« (siehe Bezugsquellen), ist aber meist in Naturkostläden, manchmal auch in Reformhäusern erhältlich.

So verteilen sich die Fruchtstückchen am besten in der Konfitüre.

Johannisbeergelee mit Himbeeren (Rezept Seite 106).
Stachelbeerkonfitüre mit Minze und Melisse (Rezept Seite 106)

Johannisbeergelee mit Himbeeren

Sie benötigen:

| ½ l Johannisbeersaft (nach Geschmack |
| rote und schwarze Johannisbeeren |
| gemischt) |
| Saft einer Zitrone |
| 1 TL Agar-Agar |
| etwa 100 g Honig |
| 100 g Himbeeren |

Und so wird's gemacht:
1. Vom Johannisbeersaft etwa ½ Tasse abnehmen und mit dem Zitronensaft und dem Agar-Agar mischen.
2. Den restlichen Johannisbeersaft erhitzen und mit dem Honig verrühren. Kurz vor dem Siedepunkt die Agar-Agar-Masse sowie die geputzten Himbeeren einrühren.
3. 2 Minuten kochen lassen und den Saft sofort in heiß ausgespülte Schraubgläser füllen.
4. Die Gläser fest verschließen und für etwa 5 Minuten auf den Kopf stellen.
5. Nach einem Tag ist der Geliervorgang endgültig beendet. Während dieser Zeit sollten die Gläser nicht bewegt werden.
Das Gelee hält sich im Kühlschrank oder einem kühlen Keller mindestens 2 Monate.

Stachelbeerkonfitüre mit Minze und Melisse

Sie benötigen:

| 500 g Stachelbeeren |
| Saft einer halben Zitrone |
| 1 ½ TL Agar-Agar |
| Schale einer halben, unbehandelten Zitrone |
| etwa 100 g Honig |
| ½ TL Zimt |
| einige Blättchen frische Minze |
| einige Blättchen Zitronenmelisse |

Und so wird's gemacht:
1. Die Stachelbeeren waschen und putzen und mit dem Schneidstab des Handrührgerätes zerkleinern.
2. Eine halbe Tasse davon abnehmen und mit dem Zitronensaft und dem Agar-Agar verrühren.
3. Das restliche Püree mit der abgeriebenen Zitronenschale, dem Honig und dem Zimt mischen. Unter Umrühren aufkochen und die Agar-Agar-Mischung sowie die feingehackten Minze- und Melisseblättchen unterrühren.
4. Etwa 2 Minuten kochen lassen, dann sofort in Schraubgläser füllen. Diese fest verschließen und für etwa 5 Minuten umdrehen.
5. Bis zum nächsten Tag die Gläser nicht mehr bewegen, weil erst dann der Geliervorgang endgültig abgeschlossen ist.
Im kalten Keller oder Kühlschrank hält sich die Konfitüre mindestens 2 Monate.

Zwetschgenmus

Sie benötigen:

| Etwa 3 bis 5 kg Spätzwetschgen |

Und so wird's gemacht:
1. Die Zwetschgen waschen, entsteinen und halbieren. In die Bratpfanne des Backofens füllen und auf die unterste Leiste in den Backofen schieben.
2. Bei 200° C etwa eine Stunde, danach bei 150° C eine weitere Stunde köcheln lassen.
3. Die Zwetschgen mit dem Schneidstab des Handrührgerätes zerkleinern und noch weitere 1 bis 2 Stunden unter gelegentlichem Umrühren einkochen lassen.
4. Das zähe Mus wird in saubere, heiß ausgespülte Schraubgläser gefüllt und sofort verschlossen.

Vierfruchtmarmelade

Sie benötigen:

100 g schwarze Johannisbeeren
300 g rote Johannisbeeren
350 g möglichst reife Stachelbeeren
250 g Süß- oder Sauerkirschen
3 EL Honig
1 Beutel Unigel

Und so wird's gemacht:
1. Die Johannisbeeren waschen und von den Rispen befreien. Die Stachelbeeren putzen, die Kirschen entkernen.
2. Alle Früchte grob mit dem Schneidstab des Handrührgerätes zerkleinern.
3. Das so vorbereitete Obst mit dem Honig und dem Unigel in einem großen Topf mischen und unter Rühren aufkochen.
4. 30 Sekunden kochen lassen und sofort bis knapp unter den Rand in heiß ausgespülte Schraubgläser füllen.
5. Die Deckel fest zudrehen und die Gläser für 5 Minuten auf den Kopf stellen.
6. Während der nächsten 12 Stunden die Gläser dann nicht mehr bewegen und vor Licht und Durchzug schützen.

Die Marmelade hält sich kühl und dunkel aufbewahrt etwa 6 bis 8 Monate.

Holunder-Apfel-Gelee

Sie benötigen:

etwa 70 g Feigen
½ l Apfelsaft
½ l Holunderbeersaft
2 EL Zitronensaft
1 TL Zimt
1 ½ TL Agar-Agar
2 EL Apfeldicksaft oder Honig nach Geschmack

Und so wird's gemacht:
1. Die Feigen in kleine Würfel schneiden und knapp mit Wasser bedeckt etwa 3 Stunden quellen lassen.
2. Den Apfelsaft mit dem Holunderbeersaft mischen, etwa ½ Tasse abnehmen und mit dem Zitronensaft, dem Zimt und dem Agar-Agar verrühren.
3. Den restlichen Saft eventuell mit dem Apfeldicksaft oder dem Honig mischen und erhitzen. Kurz vor dem Siedepunkt die Agar-Agar-Masse einrühren, 2 Minuten kochen lassen und sofort in heiß ausgespülte Schraubgläser füllen.
4. Die Deckel fest verschließen und die Gläser für etwa 5 Minuten auf den Kopf stellen.
5. Während der nächsten 12 Stunden die Gläser nicht bewegen.
Das Gelee hält sich im Kühlschrank oder einem ähnlich dunklen, kühlen Raum mindestens 2 Monate.

Sauerkirsch-Pfirsich-Konfitüre

Sie benötigen:

500 g Sauerkirschen
500 g reife Pfirsiche
etwa 100 g Honig, nach Geschmack auch mehr
1 Beutel Unigel

Und so wird's gemacht:
1. Die Sauerkirschen waschen, entstielen und entkernen. Mit dem Schneidstab des Handrührgerätes kleinschneiden.
2. Die reifen Pfirsiche nach Geschmack enthäuten (dafür kurz in kochendes Wasser legen, mit möglichst kaltem Wasser abschrecken und enthäuten), in Spalten vom Stein lösen und in kleine Stücke schneiden.
3. Das so vorbereitete Obst mit dem Honig und dem Unigel mischen und unter Rühren in einem großen Topf aufkochen.
4. Etwa 30 Sekunden kochen lassen und dann sofort in gut gesäuberte, heiß ausgespülte Schraubgläser füllen.
5. Die Deckel fest zudrehen und die Gläser auf den Kopf stellen.
6. Nach 5 Minuten wieder wenden. Dann die Gläser mit einem Geschirrhandtuch bedecken, um sie vor Lichteinfall zu schützen, und 12 Stunden lang nicht mehr bewegen, dabei jeden Durchzug vermeiden. Erst dann ist der Geliervorgang endgültig abgeschlossen.
Dunkel und kühl aufbewahrt, hält sich diese Konfitüre 6 bis 8 Monate.

Aprikosenkonfitüre mit Zitronenmelisse

Sie benötigen:

500 g Aprikosen

3 EL Ahornsirup

2 gestr. TL Agar-Agar

etwa 10 g Zitronenmelisseblätter

Saft einer halben Zitrone

Und so wird's gemacht:
1. Die Aprikosen waschen, entsteinen und mit dem Schneidstab des Handrührgerätes zerkleinern.
2. Eine halbe Tasse vom Fruchtpüree abnehmen, mit dem Ahornsirup, dem Agar-Agar, den feingehackten Zitronenmelisseblättchen und dem Zitronensaft mischen.
3. Das restliche Püree unter Rühren aufkochen, die Agar-Agar-Mischung unterrühren, knapp 2 Minuten kochen lassen und sofort in vorgewärmte Schraubgläser bis knapp unter den Rand füllen.
4. Die Gläser fest verschließen, für etwa 5 Minuten auf den Kopf stellen und während des Abkühlens 12 Stunden nicht bewegen.
5. Im Kühlschrank oder einem kühlen Keller hält sich die Konfitüre mindestens 2 Monate.

Variation

Auf die gleiche Art und Weise können Sie Pfirsiche oder Nektarinen zubereiten.

Das Tiefkühlen

Das Tiefkühlen von Lebensmitteln ist die modernste Konservierungsart (ausgenommen das Haltbarmachen durch Bestrahlung) und in den letzten Jahren auch zur beliebtesten geworden. Dies liegt vor allem daran, daß tiefgekühlte Kost weitgehend ihre ursprünglichen Eigenschaften, vor allem Farbe, Aroma, Geschmack und Struktur behält und damit dem frischen Produkt am nächsten kommt.

Das Tiefkühlen beruht auf dem Prinzip, daß sich bei Temperaturen von etwa minus 18°C in den Lebensmitteln schädliche Mikroorganismen wie Schimmelpilze, Fäulnis- und Gärungserreger sowie andere Bakterien, die die Lebensmittel verderben lassen, nicht vermehren können. Auch die Tätigkeit von Enzymen, die unter Umständen zu unerwünschten Stoffwechselprozessen führen können, wird durch den Tiefkühlprozeß deutlich verringert oder kommt zum Stillstand.

Trotzdem sollte tiefgekühltes Obst und Gemüse nur begrenzte Zeit gelagert werden, denn auch bei tiefen Temperaturen findet allmählich eine Wertminderung statt, und das Produkt unterliegt der Alterung. Auch die Mikroorganismen sterben nicht ab, sondern werden sehr schnell wieder aktiv, wenn das Lebensmittel auftaut. Aus diesem Grunde sollte es dann stets schnell verbraucht, auf keinen Fall aber noch einmal eingefroren werden.

Wie schon erwähnt, bestehen Obst und Gemüse zu einem großen Teil aus Wasser (bis zu 90%). Bei einem langsamen Tiefkühlen gefriert dieses zu großen Eiskristallen, die die Zellwände des Produktes zerstören. Dies hat zur Folge, daß sich nach dem Auftauen die Struktur der Tiefkühlkost gegenüber dem frischen Produkt verändert hat, es verliert an Geschmack und Konsistenz. Aus diesem Grunde – und natürlich auch, um die Tätigkeit der Mikroorganismen und Enzyme möglichst rasch zu verringern – ist das sogenannte Schockgefrieren bei Temperaturen von minus 30 bis minus 45°C viel günstiger. In diesem Fall können sich nämlich nur winzige Eiskristalle bilden, so daß die Konsistenz und der Geschmack der Lebensmittel besser erhalten bleiben. Endgültig gelagert werden sie dann bei Temperaturen von minus 18°C.

Allerdings muß man auch bei einem sachgemäßen Tiefkühlen mit einem Verlust an Vitaminen und Mineralstoffen rechnen; diese gehen allerdings hauptsächlich bei der Vorbereitung, dem Waschen und Blanchieren, verloren. Hinzu kommt, daß die Enzyme – wenn auch verlangsamt – allmählich Proteine, Kohlenhydrate und Fette abbauen. (Insbesondere fettreiche Lebensmittel sind aus diesem Grunde nur sehr begrenzt haltbar.)

An dieser Stelle möchte ich jedoch innehalten und nicht im einzelnen auf die Methode des Tiefkühlens eingehen (wer will, kann sich in zahlreichen Zeitschriften und einschlägigen Büchern genauer informieren). Ich meine nämlich, daß man in der Ökoküche, wann immer es geht, auf das Tiefkühlen verzichten sollte.

Es ist mit Abstand die Konservierungsmethode, die die meiste Energie erfordert. Der dauernde Stromverbrauch für die Lagerung ist nicht gerade billig und führt zu einer starken Abhängigkeit von der Stromversorgung (dabei sind die hohen Verluste bei einem eventuellen längeren Stromausfall oder einem Defekt des Gerätes nur ein geringer privater Aspekt).

Die Einstellung, daß immer genügend Energie vorhanden sein muß, hat uns letztendlich zu dem heutigen Energiedilemma geführt: kann man aus ökologischen Gründen für die Abschaffung aller Atomkraftwerke sein, gleichzeitig aber im privaten Bereich munter Energie verbrauchen?

Auch die Anschaffung einer ausreichend großen Tiefkühltruhe ist ein nicht unerheblicher zusätzlicher Kostenfaktor.

Von einer Arbeitsersparnis beim Tiefkühlen kann außerdem auch kaum die Rede sein: alles Gefriergut muß – wie bei anderen Konservierungsarten auch – zunächst sorgfältig ge-

Das Tiefkühlen 111

Das Tiefkühlen ist die modernste, aber auch die energieaufwendigste Methode des Haltbarmachens.

waschen und geputzt, vieles sogar zusätzlich noch blanchiert werden. Ein späteres sorgfältiges Verpacken in speziell dafür angefertigte Beutel, Folien oder Behälter ist ebenso unerläßlich.

Zusammenfassend läßt sich sagen, daß besonders diejenigen diese Methode des Haltbarmachens bevorzugen werden, die das ganze Jahr über nach Lust und Laune alle Obst- und Gemüsearten essen wollen, also eine Speisekarte ohne Jahreszeiten bevorzugen. Menschen, denen ökologische Zusammenhänge nicht einerlei sind und die mehr mit der Natur und ihrem Ablauf in Einklang leben wollen, werden lieber andere Konservierungsmethoden wählen.

Was gibt es wann?

Frisches Obst im Jahresablauf
(unberücksichtigt bleiben Import- und Gewächshauswaren)

+ Monate mit starkem Angebot
O Monate mit geringem Angebot

Sorte	Jan.	Febr.	März	April	Mai	Juni	Juli	Aug.	Sept.	Okt.	Nov.	Dez.
Äpfel	+	+	+	O	O			O	+	+	+	+
Aprikosen						O	+	+	O			
Birnen	O	O						O	+	+	+	+
Blaubeeren							O	+	+			
Brombeeren									+	+		
Erdbeeren					O	+	+	O				
Himbeeren							+	+	O			
Holunderbeeren									+	+		
Johannisbeeren						O	+	+	O			
Kirschen						+	+	O				
Pfirsiche							+	+	O			
Pflaumen/Zwetschgen								O	+	+	O	
Preiselbeeren									+	O		
Quitten										+	O	
Rhabarber				O	+	+	O					
Schlehen											+	
Stachelbeeren							+	O				
Weintrauben								O	+	+	O	

Frisches Gemüse im Jahresablauf
(unberücksichtigt bleiben Import- und Gewächshauswaren)

O Monate mit starkem Angebot
+ Monate mit geringem Angebot

Sorte	Jan.	Febr.	März	April	Mai	Juni	Juli	Aug.	Sept.	Okt.	Nov.	Dez.
Blumenkohl				O	O	O	+	+	+	+	O	
Bohnen, grüne, gelbe (Stangen und Busch)							+	+	+			
Bohnen, dicke					O	+	O					
Brokkoli							O	+	+	O		
Erbsen, grüne					O	+	+	+				
Fenchel							O	O	+	+	O	
Grünkohl	+	+	O							O	+	+
Gurken							+	+	+	O		

Was gibt es wann?

Sorte	Jan.	Febr.	März	April	Mai	Juni	Juli	Aug.	Sept.	Okt.	Nov.	Dez.
Kohlrabi					O	+	+	+	O			
Kürbis						O	O	+	+	+	O	
Lauch	O	O	O	+			+	+	+	+	+	+
Möhren	+	+	+			O	O	+	+	+	+	+
Paprika								+	+	+	O	
Rosenkohl	+	+	O							O	+	+
Rote Bete	+	+	O					O	O	+	+	+
Rotkohl	+	O	O					+	+	+	+	+
Schwarzwurzeln	+	+	O	O							+	+
Sellerie, Knollen	+	+	+						O	+	+	+
Sellerie, Stauden								+	+	+	O	
Spargel					+	+						
Tomaten							O	+	+	O	O	
Topinambur	O	O	+							+	+	O
Weißkohl	+	+	+				O	+	+	+	+	+
Wirsing	O						O	+	+	+	+	+
Zucchini							O	+	+	O		
Zuckermais								+	+			
Zwiebeln	+	+	+	+	+			+	+	+	+	+

Blattgemüse und Blattsalate
(unberücksichtigt bleiben Import- und Gewächshauswaren)

O Monate mit starkem Angebot
+ Monate mit geringem Angebot

Sorte	Jan.	Febr.	März	April	Mai	Juni	Juli	Aug.	Sept.	Okt.	Nov.	Dez.
Batavia					O	+	+	O				
Chicorée	+	+	+								O	+
Chinakohl									+	+	O	O
Endivien (Eskariol, Frisée)	O								O	+	+	+
Eis(berg)salat						O	+	+	O			
Eichblattsalat					O	+	+	+	O			
Feldsalat	O	O	+	O						+	+	+
Grüner Kopfsalat				O	+	+	O	O	+	+		
Lattich			+									
Lollo Rosso					O	+	+	+	O			

Blattgemüse und Blattsalate (Fortsetzung)
(unberücksichtigt bleiben Import- und Gewächshauswaren)

O Monate mit starkem Angebot
+ Monate mit geringem Angebot

Sorte	Jan.	Febr.	März	April	Mai	Juni	Juli	Aug.	Sept.	Okt.	Nov.	Dez.
Löwenzahn			O	+	+							
Mangold				O	O		+	+	+	O		
Pflücksalat					O	+	+	+	+	O		
Portulak (Winterpostelein)	O	+	+								O	O
Radicchio			+	+								O
Rauke					+	+						
Römischer Salat						O	+	+	O			
Spinat				+	+	+				+	+	
Zuckerhut										+	+	O

Abc des Konservierens
Gemüse

++ optimale Konservierungsart
+ Konservierung so möglich
O Konservierung so unüblich oder nur bedingt möglich

Sorten	im Garten überwintern	Lagern	Trocknen	Milchsäuregärung	Einlegen	Einkochen	Tiefgefrieren	Bemerkungen
Blumenkohl		O	+	+	+	+	+	
Brokkoli			O	+	+	+	+	am besten frisch
Buschbohnen			+	+	+	+	+	
Chicorée		+ +						Wurzeln treiben lassen
Chinakohl		O						
Eissalat								frisch verwenden
Endivien		O						
Erbsen			+ +			+	+	
Fenchel		O						
Gemüsepaprika			+	+	+		+	
Grünkohl	+ +						+	am besten frisch
Gurken			O	+	+			
Kartoffeln		+ +						
Kohlrabi			O	+			O	am besten laufend frisch
Kopfsalat								frisch
Kürbisse		O	O	+	+			hält sich je nach Sorte bis Januar im Keller

Abc des Konservierens

Sorten	im Garten überwintern	Lagern	Trocknen	Milchsäuregärung	Einlegen	Einkochen	Tiefgefrieren	Bemerkungen
Lauch	+ +		O				+	
Mangold	+		O				+	
Melde								frisch verwenden
Möhren		+ +	O	+	+			
Neuseeländer Spinat								frisch verwenden
Pastinaken	+ +	+ +	O	O			+	
Petersilienwurzeln		+ +	O	O				kann man auch treiben lassen
Pilze			+ +	+	+	+	+	
Pflücksalate								frisch verwenden
Puffbohnen			+ +				+	
Radicchio	+ +							
Rettiche/ Radieschen		+ +						frisch verwenden, Winterrettiche lagern
Rhabarber			O			+	+	
Rosenkohl	+ +						+	am besten frisch verwenden
Rote Bete		+ +	O	+	+			
Rotkohl		+	O	+ +	+		O	
Sellerie		+ +	O	+			O	
Schwarzwurzeln	+ +	+ +						
Spinat			O				+	getrocknet mehr als Würze
Stangenbohnen			+	+	+	+	+	
Tomaten		O	+	+	+	+	+	grüne Tomaten reifen nach
Topinambur	+ +	+						
Weißkohl		+	O	+ +	O		O	
Winterpostelein	+ +							
Wirsing		O	O	O			O	
Zucchini		O	+	+	+		O	
Zuckerhut		+						
Zwiebeln		+ +	O	+	+			Frühlingszwiebeln im Mai/Juni frisch verwenden

Obst

++ optimale Konservierungsart
+ Konservierung so möglich
O Konservierung so unüblich oder nur bedingt möglich

Sorten	Lagern	Trocknen	Einlegen	Saft	Einkochen + Marmelade	Tiefgefrieren	Bemerkungen
Äpfel	+ +	+		+	+		Lagern je nach Sorte Dez. bis Mai
Aprikosen		+ +	O	O	+	+	
Birnen	+ +	+	+	+	+		Lagern je nach Sorte bis Jan./Feb.
Brombeeren		Blätter O u. Früchte +	O	O	+	+	getrocknete Blätter als Tee
Erdbeeren		Blätter u. + Früchte +	+	+	+	+	getrocknete Blätter als Tee
Himbeeren		Blätter u. + Früchte O	+	+	+	+	getrocknete Blätter als Tee
Johannisbeeren		Blätter +		+	+	+	Blätter von schwarzen Johannisbeeren als Tee
Mirabellen		O			+	O	
Pfirsiche		+ +	O	O	+	+	
Pflaumen		+ +	O	+	+	+	
Stachelbeeren		O		O	+	+	
Quitten	+ +		O	+	+		
Renekloden		+			O	O	
Zwetschgen		+ +	+	+	+	+	

Wildfrüchte

++ optimale Konservierungsart
+ Konservierung so möglich
O Konservierung so unüblich oder nur bedingt möglich

Sorten	Lagern	Trocknen	Einlegen	Saft	Einkochen + Marmelade	Tiefgefrieren	Bemerkungen
Hagebutten		+ +			+		getrocknete Hagebutten als Tee
Heidelbeeren		+			+		
Holunder		+ auch Blüten O		+ +	+		getrocknete Blüten als Tee bei Erkältungen, abwehrsteigernd
Preiselbeeren		+ +			+	O	
Sanddorn				+	+		
Schlehen				+ +	+		am besten erst nach den ersten Frösten

Abc des Konservierens

Gartenkräuter

Sorten	Erntezeitpunkt	Trocknen	Tiefgefrieren	Einlegen	Bemerkungen
Anis	September	Samen			Samen würzen Brote, Weihnachtsgebäck, Kompott, Rotkohl, Tee
Baldrian	August: Blüten September: Wurzeln	Wurzeln u. Blüten			Tee aus beiden; Blüten als Blühanregung für alle Blütenpflanzen, Beruhigungstee, Badezusatz
Basilikum	ab Juni laufend frisch	Blätter	in Kräutermischungen	in Kräutermischungen	zum Würzen von Suppen, Soßen, Kartoffel- u. Gemüsegerichten
Bohnenkraut	laufend frisch bis zur Blüte	Blätter	in Verbindung mit Bohnen	in Kräutermischungen	zum Würzen von Broten, Eintöpfen aus Hülsenfrüchten, Kohlgerichten und Bohnen
Borretsch	laufend frisch Blätter und Blüten	Blüten	Blätter in Verbindung mit Kräutermischungen	Blätter in Verbindung mit Kräutermischungen	Blüten in Teemischungen, Blätter lassen sich schlecht konservieren
Brunnenkresse	laufend frisch als Wildpflanze ab April				läßt sich schlecht konservieren
Dill	Blätter ab Mai Samen ab August	Samen Blätter verlieren an Aroma	nur in Mischungen	nur in Mischungen	Bei der Konservierung verlieren Dillblätter an Würzkraft, Samen als Tee bei Magenverstimmung u. Schlafstörungen
Estragon	laufend frisch			in Essig	Als Gewürz zum Einlegen von Gurken
Fenchel	Samen im September	Samen			Brotgewürz, als Tee gegen Blähungen
Kapuzinerkresse	Blüten und Blätter ab Juni			Blütenknospen wie Kapern in Essig	Blätter und Blüten lassen sich nicht konservieren
Kerbel	ab April/Mai laufend frisch				läßt sich nicht gut konservieren
Knoblauch	Grün ab Mai Knollen ab August	Zehen trocknen		milchsauer einlegen	ganz nach Geschmack verwenden
Koriander	Blätter frisch ab Juni, Samen ab September	Samen			Samen als Gewürz für Brot und Gebäck und Speisen mit orientalischem Charakter
Kresse	laufend frisch				läßt sich nicht koinservieren

Sorten	Erntezeitpunkt	Trocknen	Tiefgefrieren	Einlegen	Bemerkungen
Kümmel	Blätter laufend frisch Samen ab Aug./Sept.	Samen			Samen zum Würzen von Brot, Kohl, Quark, Käse; als Tee bei Magen- und Darmverstimmungen
Lavendel	Blätter laufend frisch Blüten von Juli bis Sept.	Blüten			Blätter wie Rosmarin verwenden, Blüten hauptsächlich für kosmetische Zwecke
Liebstöckel	laufend frisch				läßt sich nicht gut konservieren
Meerrettich	Wurzeln im Spätherbst				Wurzeln in Sand einlegen
Melisse	Blätter ab Mai bis zur Blüte	Blätter trocknen	in Kräutermischungen	in Kräutermischungen	als Tee und Kräutermischungen
Oregano	frisch den ganzen Sommer sonst vor der Blüte	Blätter	in Kräutermischungen	in Kräutermischungen	zu Salaten, Pizzagewürz, Tomaten und südländische Gemüsegerichten
Petersilie	laufend	in Mischungen	allein	in Mischungen	paßt nahezu überall
Pfefferminze	Juni/Juli und August v. d. Blüte	Blätter			frisch zur Zubereitung von Soßen, getrocknet als Tee
Pimpinelle	laufend frisch	bedingt	in Kräutermischungen	in Kräutermischungen	läßt sich schlecht konservieren
Ringelblume	ab Juni	Blütenblätter			frische Blütenblätter würzen Salate, getrocknete in Kräuterteemischungen
Rosmarin	laufend frisch bis zur Blüte	Blätter			zum Würzen von Suppen, Gemüsen und Soßen, als Tee oder Badezusatz kreislaufanregend
Salbei	laufend frisch bis zur Blüte	Blätter			zum Würzen von Pizza, Quiche; für provenzalische Kräuter, als Tee bei Husten u. a.
Schnittlauch	laufend frisch	im Mischungen	einzeln oder in Mischungen	in Mischungen	nach Geschmack
Thymian	laufend frisch, sonst v. d. Blüte	kleine Zweige		in Öl	Suppen, Tomaten, Soßen, südländische Gerichte, für provenzalische Kräuter
Wermut					Verwendung in der Heilkunde, Bestandteil von Kräuterlikören
Winterheckenzwiebel					läßt sich nicht konservieren

Abc des Konservierens / Bezugsquellen   119

Wildkräuter

Sorten	Erntezeitpunkt	Trocknen	Bemerkungen
Beinwell	Blätter frisch ab April/Mai Wurzeln im Herbst	Wurzeln	Blätter wie Spinat zubereiten, Wurzeln z. B. bei Blutergüssen
Brennessel	junge Blätter frisch	Blätter vor der Blüte	Blätter als Tee, Heilmittel z. B. bei Rheuma und Gicht
Gänseblümchen	zarte Blätter u. Blüten, hauptsächlich im Frühling		läßt sich nicht konservieren
Huflattich	junge Blätter frisch ab April/Mai	Blätter	getrocknete Blätter als Tee bei Husten, frisch zu Salaten, Suppen und Gemüse
Löwenzahn	junge Blätter frisch ab März/April		läßt sich nicht konservieren
Sauerampfer	junge Blätter frisch ab April		zu Suppen, Gemüsen und Salaten
Wegerich	junge Blätter ab April	Blätter	getrocknete Blätter als Tee, frisch zu Gemüsen und Salaten
Wiesenschaumkraut	junge Blätter		für Salate, Suppen und Quark, läßt sich nicht konservieren
Zinnkraut (Ackerschachtelhalm)	ab Juni	Blätter	als Tee bei rheumatischen Erkrankungen und Bindegewebsschwäche

Bezugsquellen

Gärtöpfe
in Haushaltsfachgeschäften, Naturkostläden und Naturkostversandhandel, auch als Kohltöpfe
oder bei Steinzeug Harsch KG
Postfach 1280
7518 Bretten
Hier erhalten Sie auf Wunsch einen Bezugsnachweis.

Dörrgeräte: „Dörr-ex"
in Naturkostläden, Haushaltsfachgeschäften, Naturkostversandhandel, z. B.:
Biomarkt Keller
Konradstraße 17
7800 Freiburg

Getreidelagerkisten
Mühlen-Kaiser
Thierschstraße 4
8000 München 22

Getreidevorratssäcke
Mühlen-Kaiser (Adresse s. o.)
oder:
Grüne Erde
Dr.-Güden-Apfelring 11
8346 Simbach

Fermente für milchsaures Gemüse
eventuell in Reformhäusern oder Naturkostläden
oder:
Fa. Bunge
Bismarkstraße 23
2050 Pinneberg

Essigbakterien
Fa. Bunge (Adresse s. o.)

Unigel
Biogarten
Freisinger Landstraße 44
8000 München 45
Hier nennt man Ihnen Bezugsadressen in Ihrer Nähe

Dampfentsafter und Schraubgläser
in Haushaltsfachgeschäften

Kartoffelkisten und Kartoffeltrommeln
in Haushaltsfachgeschäften und im Naturkostversandhandel

Obst und Gemüse aus kontrolliertem biologischem Anbau
1. Warenname und Schutzzeichen
BIOLAND Fördergemeinschaft organisch-biologischer Landbau
Barbarossastraße 14
7336 Uhingen

2. Warenname und Schutzzeichen
DEMETER
Forschungsring für biologisch-dynamische Wirtschaftsweise
Baumschulenweg 11
6100 Darmstadt

3. Warenname und Schutzzeichen
BIOKREIS e. V. OSTBAYERN
Biokreis Ostbayern e. V.
Rosensteig 13
8390 Passau

4. Warenname und Schutzzeichen
NATURLAND
Verein für naturgemäßen Landbau e. V.
Kleinhardener Weg 1
8032 Gräfelfing

Register

Allerlei, milchsaures 62
Äpfel 38
Apfelchutney 74
Apfelkompott, Omas 98
Aprikosen 39
Aprikosenkonfitüre mit Zitronenmelisse 107

Bananen 39
Basilikumöl 78
Birnen 39
Birnentorte, schweizer 46
Blumenkohl 19, 41
Bohnen 41
Brennesseln 41
Brokkoli 19

Chicorée 19
Chinakohl 19

Dillessig 68

Eingelegte Zucchini 72
Endivien 20
Erdbeeren 39

Feigen 39
Feldsalat 20
Fenchel 20
Fruchtschnitten 49
Fruchtsuppe 48

Gemüsesuppe 50
Gewürzgurken 70
Grüne Bohnen, sterilisierte 96
Grüne Grütze, schnelle 88
Grünkohl 20
Gurken, milchsaure 61

Hagebutten 39
Heidelbeeren 40
Himbeeressig 68
Holunder-Apfel-Gelee 106
Holunderbeersaft 86
Holunderbeersuppe 89
Hülsenfrüchte 41

Johannisbeeren, schwarze 40
Johannisbeergelee mit Himbeeren 108

Kartoffeln 20
Kirschen 39

Kirschsaft 84
Knoblauch 25
Kohl 22
Kohlrabi 22, 41
Kräuter 44, 76
Kräuteressig 68
Kräuteröl 78
Kürbis süß-sauer 73
Kürbisse 22

Lauch 22, 41
Linzertorte 46

Mangold 22
Marmelade aus getrockneten Früchten 48
Milchsaure Gurken 61
Milchsaure rote Bete 62
Milchsaures Allerlei 62
Mirabellen 39
Mixed Pickles 72
Möhren 23, 42

Nüsse 40

Obstbowle 88
Omas Apfelkompott 98

Paprika 42
Pastinaken 23
Petersilienwurzeln 23
Pfirsiche 40
Pilze 43
Pilze, sauer konservierte 98
Pilzgulasch 51

Quittenbrot 49
Quittensaft 87

Radicchio 23
Ratatouille 50
Renekloden 39
Rettiche 23
Rhabarber 40
Rhabarberkompott 48
Rosenkohl 23
Rote Bete 24
Rote Bete, milchsaure 62
Rote-Bete-Saft 86
Rotkohl 22
Rumtopf 77

Sauerkirschen 98
Sauerkirsch-Pfirsich-Konfitüre 106
Sauer konservierte Pilze 98
Sauerkraut 58
Schlehensaft 87
Schnelle grüne Grütze 88
Schwarze Johannisbeeren 40
Schwarzwurzeln 24
Schweizer Birnentorte 46

Sellerie 24
Spinat 42
Stachelbeeren 40
Stachelbeerkonfitüre mit Minze und Melisse 108
Suppengemüse 42
Suppengrün 42, 76

Teepunsch 88
Tomaten 24, 42
Tomatenketchup 75
Tomatenmark 98
Tomatensaft 86
Topinambur 25

Vierfruchtmarmelade 109
Vierfruchtsaft 86

Weintrauben 40
Weißkohl 22, 42
Winterpostelein 25
Wirsing 22, 42

Zitronenschale 40
Zitronenthymianessig 68
Zucchini 25, 42
Zucchini, eingelegte 72
Zuckerhut 25
Zwetschgen 41
Zwetschgen, eingemachte 94
Zwetschgenchutney 74
Zwetschgenmus 108
Zwiebeln 25, 42
Zwiebelrelish 74

Stand Herbst 1987

Gesamt-Programm

Essen und Trinken

FALKEN EXKLUSIV
Kochen in höchster Vollendung
Aus vier Elementen ist alles zusammengefügt (Theophrast). (4291) Von M. Wissing, M. Kirsch, 160 S., 230 Farbfotos, Leinen geprägt mit Schutzumschlag, im Schuber.
DM 98,–, S 784,–

Köstliche Suppen
für jede Tages- und Jahreszeit. (5122) Von E. Fuhrmann, 64 S., 38 Farbfotos, 2 Zeichnungen, Pappband. ●●

Was koche ich heute?
Neue Rezepte für Fix-Gerichte. (0608) Von A. Badelt-Vogt, 112 S., 16 Farbtafeln, kart. ●

Kochen für 1 Person
Rationell wirtschaften, abwechslungsreich und schmackhaft zubereiten. (0586) Von M. Nicolin, 136 S., 8 Farbtafeln, 23 Zeichnungen, kart. ●

Schnell und individuell
Die raffinierte Single-Küche
(4266) Von F. Faist, 160 S., 151 Farbfotos, Pappband. ●●●

Gesunde Kost aus dem Römertopf
(0442) Von J. Kramer, 128 S., 8 Farbtafeln, 13 Zeichnungen, kart. ●

FALKEN-FEINSCHMECKER
Pasta in Höchstform
Nudeln
(0884) Von M. Kirsch, 64 S., 62 Farbfotos, Pappband. ●

Nudelgerichte
– lecker, locker, leicht zu kochen. (0466) Von C. Stephan, 80 S., 8 Farbtafeln, kart. ●

Lieblingsrezepte
Phantasievoll zubereitet und originell dekoriert. (4234) Hrsg. F. Diller. 160 S., 120 Farbfotos, 34 Zeichnungen, Pappband. ●●●

FALKEN-FEINSCHMECKER
In Hülle und Fülle
Pasteten und Terrinen
(0883) Von M. Kirsch, 48 S., 62 Farbfotos, Pappband. ●

FALKEN-FEINSCHMECKER
Spezialitäten unter knuspriger Decke
Aufläufe
(0882) Von C. Adam, 48 S., 33 Farbfotos, Pappband. ●

Die besten Eintöpfe und Aufläufe
Das Beste aus den Kochtöpfen der Welt (5079) Von A. und G. Eckert, 64 S., 50 Farbfotos, Pappband. ●●

FALKEN-FEINSCHMECKER
Herzhaftes für Leib und Seele
Eintöpfe
(0820) Von P. Klein, 48 S., 30 Farbfotos, Pappband. ●

Schnell und gut gekocht
Die tollsten Rezepte für den Schnellkochtopf. (0265) Von J. Ley, 96 S., 8 Farbtafeln, kart. ●

Kochen und backen im Heißluftherd
Vorteile, Gebrauchsanleitung, Rezepte. (0516) Von K. Kölner, 72 S., 8 Farbtafeln, kart. ●

Zaubern mit der schnellen Welle
Die neue Mikrowellenküche
(4289) Von F. Faist, 208 S., 188 Farbfotos, Pappband. ●●●

Das neue Mikrowellen-Kochbuch
(0434) Von H. Neu, 64 S., 4 Farbtafeln, 16 s/w Zeichnungen, kart. ●

Ganz und gar mit Mikrowellen
(4094) Von T. Peters, 208 S., 24 Farbfotos, 12 Zeichnungen, kart. ●●●

FALKEN-FEINSCHMECKER
Schnell auf den Tisch gezaubert
Kochen mit Mikrowellen
(0818) Von A. Danner, 64 S., 52 Farbfotos, Pappband. ●

Marmeladen, Gelees und Konfitüren
Köstlich wie zu Omas Zeiten – einfach selbstgemacht. (0720) Von M. Gutta, 32 S., 23 Farbfotos, 1 Zeichnung, Pappband. ●

Einkochen
nach allen Regeln der Kunst. (0405) Von B. Müller, 128 S., 8 Farbtafeln, kart. ●

Einkochen, Einlegen, Einfrieren
(4055) Von B. Müller, 152 S., 27 s/w.-Abb., kart. ●●

FALKEN-FEINSCHMECKER
Goldbraun und knusprig
Fritierte Leckerbissen
(0868) Von F. Faist, 64 S., 47 Farbfotos, Pappband. ●

Das neue Fritieren
geruchlos, schmackhaft und gesund. (0365) Von P. Kühne, 96 S., 8 Farbtafeln, kart. ●

FALKEN-FEINSCHMECKER
Die Krönung der feinen Küche
Saucen
(0817) Von G. Cavestri, 48 S., 40 Farbfotos, Pappband. ●

FALKEN-FEINSCHMECKER
Edler Kern in harter Schale
Meeresfrüchte
(0886) Von L. Grieser, 48 S., 52 Farbfotos, Pappband. ●

FALKEN-FEINSCHMECKER
Von Tatar und falschen Hasen
Hackfleisch
(0866) Von A. und G. Eckert, 64 S., 42 Farbfotos, Pappband. ●

Mehr Freude und Erfolg beim **Grillen**
(4141) Von A. Berliner, 160 S., 147 Farbfotos, 10 farbige Zeichnungen, Pappband. ●●●

Grillen
Fleisch · Fisch · Beilagen · Soßen. (5001) Von E. Fuhrmann, 64 S., 38 Farbfotos, Pappband. ●●

Chinesisch kochen
mit dem Wok-Topf und dem Mongolen-Topf. (0557) Von C. Korn, 64 S., 8 Farbtafeln, kart. ●

Schlemmerreise durch die
Chinesische Küche
(4184) Von Kuo Huey Jen, 160 S., 117 Farbfotos, Pappband. ●●●

Nordische Küche
Speisen und Getränke von der Küste. (5082) Von J. Kürtz, 64 S., 44 Farbfotos, Pappband. ●●

Deutsche Küche
Schmackhafte Gerichte von der Nordsee bis zu den Alpen. (5025) Von E. Fuhrmann, 64 S., 52 Farbfotos, Pappband. ●●

Essen in Hessen
Spezialitäten zwischen Schwalm und Odenwald. (0837) Von R. Witt, 120 S., 10 s/w-Zeichnungen, Pappband. ●●

Französisch kochen
Eine kulinarische Reise durch Frankreich. (5016) Von M. Gutta, 64 S., 35 Farbfotos, Pappband. ●●

Französische Küche
(0685) Von M. Gutta, 96 S., 16 Farbtafeln, kart. ●

Französische Spezialitäten aus dem Backofen
Herzhafte Tartes und Quiches mit Fleisch, Fisch, Gemüse und Käse (5146) Von P. Klein, 64 S., 43 Farbfotos, Pappband. ●●

FALKEN-FEINSCHMECKER
Aus lauter Lust und Liebe
Knoblauch
(0867) Von L. Reinirkens, 64 S., 45 Farbfotos, Pappband. ●

Kochen und würzen mit **Knoblauch**
(0725) Von A. und G. Eckert, 96 S., 8 Farbtafeln, kart. ●

Schlemmerreise durch die
Italienische Küche
(4172) Von V. Pifferi. 160 S., 109 Farbfotos, Pappband. ●●

Pizza, Pasta und die feine italienische Küche
(4270) Von R. Rudatis, 120 S., 255 Farbfotos, Pappband. ●●

Italienische Küche
Ein kulinarischer Streifzug mit regionalen Spezialitäten. (5026) Von M. Gutta, 64 S., 35 Farbfotos, Pappband. ●●

Köstliche Pizzas, Toasts, Pasteten
Schmackhafte Gerichte schnell zubereitet. (5081) Von A. und G. Eckert, 64 S., 46 Farbfotos, Pappband. ●●

FALKEN-FEINSCHMECKER
Schlemmen wie bei Mamma Maria
Pizzas
(0815) Von F. Faist, 64 S., 62 Farbfotos, Pappband. ●

Köstliche Pilzgerichte
Tips und Rezepte für die häufigsten Pilzgattungen. (5133) Von V. Spicker-Noack, M. Knoop, 64 S., 52 Farbfotos, Pappband. ●●

Köstliche Fondues
mit Fleisch, Geflügel, Fisch, Käse, Gemüse und Süßem. (5006) Von E. Fuhrmann, 64 S., 50 Farbfotos, Pappband. ●●

Fondues
und fritierte Leckerbissen. (0471) Von S. Stein, 96 S., 8 Farbtafeln, kart. ●

Fondues · Raclettes · Flambiertes
(4081) Von R. Peiler und M.-L. Schult, 136 S., 15 Farbtafeln, 28 Zeichnungen, kart. ●●

Neue, raffinierte Rezepte mit dem Raclette-Grill
(0558) Von L. Helger, 56 S., 8 Farbtafeln, kart. ●

Die hier vorgestellten Bücher, Videokassetten und Software sind in folgende Preisgruppen unterteilt:

● Preisgruppe bis DM 10,–/S 79,–
●● Preisgruppe über DM 10,– bis DM 20,– S 80,– bis S 160,–
●●● Preisgruppe über DM 20,– bis DM 30,– S 161,– bis S 240,–
●●●● Preisgruppe über DM 30,– bis DM 50,– S 241,– bis S 400,–
●●●●● Preisgruppe über DM 50,–/S 401,–
*(unverbindliche Preisempfehlung)

Postfach 1120 · D-6272 Niederrnhausen/Ts.   Tel. 06127/7020 · Telex 4186585 fves d

Rezepte rund um Raclette und Doppeldecker
(0420) Von J. W. Hochscheid, 72 S., 8 Farbtafeln, kart. ●

Fondues und Raclettes
(4253) Von F. Faist, 160 S., 125 Farbfotos, Pappband. ●●●

FALKEN-FEINSCHMECKER
Schmelzendes Käsevergnügen
Raclette
(0881) Von F. Faist, 48 S., 33 Farbfotos, Pappband. ●

Kulinarischer Feuerzauber
Flambieren
(4294) Von R. Wesseler, 120 S., 100 Farbfotos, Pappband. ●●

Kochen und würzen mit
Paprika
(0792) Von A. und G. Eckert, 88 S., 8 Farbtafeln, kart. ●

Kleine Kalte Küche
für Alltag und Feste. (5097) Von A. und G. Eckert, 64 S., 45 Farbfotos, Pappband. ●●

Kalte Platten und Kalte Büfetts
rustikal bis raffiniert. (5015) Von M. Gutta, 64 S., 34 Farbfotos, Pappband. ●●

Kalte Happen und Partysnacks
Canapés, Sandwiches, Pastetchen, Salate und Suppen. (5029) Von D. Peters, 64 S., 44 Farbfotos, Pappband. ●●

Garnieren und Verzieren
(4236) Von R. Biller, 160 S., 329 Farbfotos, 57 Zeichnungen, Pappband. ●●●

Desserts
Puddings, Joghurts, Fruchtsalate, Eis, Gebäck, Getränke. (5020) Von M. Gutta, 64 S., 41 Farbfotos, Pappband. ●●

FALKEN-FEINSCHMECKER
Süße Verführungen
Desserts
(0885) Von M. Bacher, 64 S., 75 Farbfotos, Pappband. ●

FALKEN-FEINSCHMECKER
Süße Geheimnisse eiskalt gelüftet
Eis und Sorbets
(0870) Von H. W. Liebheit, 48 S., 38 Farbfotos, Pappband. ●

Crêpes, Omeletts und Soufflés
Pikante und süße Spezialitäten. (5131) Von J. Rosenkranz, 64 S., 45 Farbfotos, Pappband. ●●

Kuchen und Torten
Die besten und beliebtesten Rezepte. (5067) Von M. Sauerborn, 64 S., 79 Farbfotos, Pappband. ●●

Tortenträume und Kuchenfantasien
Gebackene Köstlichkeiten originell dekoriert und verziert. (0823) Von F. Faist, 80 S., 150 Farbfotos, kart. ●●

Backen mit Lust und Liebe
(4284) Von M. Schumacher, R. Krake, 242 S., 348 Farbfotos, 18 farb. Vignetten, 3 vierseitige Ausklapptafeln, Pappband. ●●●●

Schönes Hobby Backen
Erprobte Rezepte mit modernen Backformen. (0451) Von E. Blome, 96 S., 8 Farbtafeln, kart. ●

Backen, was allen schmeckt
Kuchen, Torten, Gebäck und Brot. (4166) Von E. Blome, 556 S., 40 Farbtafeln, Pappband. ●●●

Meine Vollkornbackstube
Brot · Kuchen · Aufläufe. (0616) Von R. Raffelt, 96 S., 4 Farbtafeln, 12 Zeichnungen, kart. ●

FALKEN-FEINSCHMECKER
Mit Körnern, Zimt und Mandelkern
Vollkorngebäck
(0816) Von M. Bustorf-Hirsch, 48 S., 39 Farbfotos, Pappband. ●

Biologisch Backen
Neue Rezeptideen für Kuchen, Brote, Kleingebäck aus vollem Korn. (4174) Von M. Bustorf-Hirsch, 136 S., 15 Farbtafeln, 47 Zeichnungen, kart. ●●

Selbst Brotbacken
Über 50 erprobte Rezepte. (0370) Von J. Schiermann, 80 S., 6 Zeichnungen, 4 Farbtafeln, kart. ●

Mehr Freude und Erfolg beim
Brotbacken
(4148) Von A. und G. Eckert, 160 S., 177 Farbfotos, Pappband. ●●●

Brotspezialitäten
knusprig backen – herzhaft kochen. (5088) Von J. W. Hochscheid und L. Helger, 64 S., 48 Farbfotos, Pappband. ●●

Weihnachtsbäckerei
Köstliche Plätzchen, Stollen, Honigkuchen und Festtagstorten. (0682) Von M. Sauerborn, 32 S., 36 Farbfotos, Pappband. ●

Waffeln
süß und pikant. (0522) Von C. Stephan, 64 S., 8 Farbtafeln, kart. ●

Kochen für Diabetiker
Gesund und schmackhaft für die ganze Familie. (4132) Von M. Toeller, W. Schumacher, A. C. Groote, 224 S., 109 Farbfotos, 94 Zeichnungen, Pappband. ●●●

Neue Rezepte für Diabetiker-Diät
Vollwertig – abwechslungsreich – kalorienarm. (0418) Von M. Oehlrich, 120 S., 8 Farbtafeln, kart. ●

Wer schlank ist, lebt gesünder
Tips und Rezepte zum Schlankwerden und -bleiben. (0562) Von R. Mainer, 80 S., 8 Farbtafeln, kart. ●

SLIM
Der neue, individuelle Schlankheitsplan (4277) Von Prof. Dr. E. Menden, W. Aign, 120 S., 440 Farbfotos, Pappband. ●●●

Kalorien – Joule
Eiweiß · Fett · Kohlenhydrate tabellarisch nach gebräuchlichen Mengen. (0374) Von M. Bormio, 88 S., kart. ●

Alles mit Joghurt
tagfrisch selbstgemacht. Mit vielen Rezepten. (0382) Von G. Volz, 88 S., 8 Farbtafeln, kart. ●

Gesund leben – schlank werden mit der
Bio-Kur
(0657) Von S. Winter. 144 S., 4 Farbtafeln, kart. ●

FALKEN-FEINSCHMECKER
Raffiniert und gesund würzen
Kräuterküche
(0869) Von A. Görgens, 48 S., 43 Farbfotos, Pappband. ●

Miekes Kräuter- und Gewürzkochbuch
(0323) Von I. Persy und K. Mieke, 96 S., Pappband. ●

Das köstliche knackige Schlemmervergnügen.
Salate
(4165) Von V. Müller. 160 S., 80 Farbfotos, Pappband. ●●●

111 köstliche Salate
Erprobte Rezepte mit Pfiff. (0222) Von C. Schönherr, 96 S., 8 Farbtafeln, 30 Zeichnungen, kart. ●

FALKEN-FEINSCHMECKER
Köstlich frisch auf den Tisch
Rohkostsalate
(0865) Von C. Adam, 48 S., 26 Farbfotos, Pappband. ●

Joghurt, Quark, Käse und Butter
Schmackhaftes aus Milch hausgemacht. (0739) Von M. Bustorf-Hirsch. 32 S., 59 Farbabb., Pappband. ●

Optimale Ernährung
für Krafttraining und Bodybuilding (0912) Von B. Dahmen, 88 S., 8 Farbtafeln, 8 Zeichnungen, kart. ●

Die abwechslungsreiche Vollwertküche
Vitaminreich und naturbelassen kochen und backen. (4229) Von M. Bustorf-Hirsch, K. Siegel, 280 S., 31 Farbtafeln, 78 Zeichnungen, Pappband. ●●

Die feine Vollwertküche
(4286) Von M. Bustorf-Hirsch, 160 S., 83 Farbfotos, Pappband. ●●●

Meine Vollkornküche
Herzhaftes von echtem Schrot und Korn (0858) Von S. Walz, 128 S., 8 Farbtafeln, kart. ●

Alternativ essen
Die gesunde Sojaküche
(0553) Von U. Kolster, 112 S., 8 Farbtafeln, kart. ●

Kochen mit Tofu
Die gesunde Alternative. (0894) Von U. Kolster, 80 S., 8 Farbtafeln, kart. ●

Das Reformhaus-Kochbuch
Gesunde Ernährung mit hochwertigen Naturprodukten. (4180) Von A. und G. Eckert, 160 S. 15 Farbfotos, Pappband. ●●

Gesund kochen mit Keimen und Sprossen
(0794) Von M. Bustorf-Hirsch, 104 S., 8 Farbtafeln, 13 s/w-Zeichnungen, kart. ●

Die feine Vegetarische Küche
(4235) Von F. Faist, 160 S., 191 Farbfotos, Pappband. ●●●

Biologische Ernährung
für eine natürliche und gesunde Lebensweise. (4125) Von G. Leibold, 136 S., 15 Farbtafeln, 47 Zeichnungen, kart. ●●

Gesunde Ernährung für mein Kind
(0776) Von M. Bustorf-Hirsch, 96 S., 8 Farbtafeln, 5 s/w-Zeichnungen, kart. ●

Vitaminreich und naturbelassen
Biologisch Kochen
(4162) Von M. Bustorf-Hirsch und K. Siegel, 144 S., 15 Farbtafeln, 31 Zeichnungen, kart. ●●

Gesund kochen
wasserarm · fettfrei · aromatisch. (4060) Von M. Gutta, 240 S., 16 Farbtafeln, Pappband. ●●

Kräuter- und Heilpflanzen-Kochbuch
für eine gesunde Lebensweise. (4066) Von P. Pervenche, 143 S., 71 Farbfotos, 15 Farbtafeln, kart. ●●

Pralinen und Konfekt
Kleine Köstlichkeiten selbstgemacht. (0731) Von H. Engelke, 32 S., 57 Farbfotos, Pappband. ●

Die hier vorgestellten Bücher, Videokassetten und Software sind in folgende Preisgruppen unterteilt:

● Preisgruppe bis DM 10,– / S 79,–
●● Preisgruppe über DM 10,– bis DM 20,– / S 80,– bis S 160,–
●●● Preisgruppe über DM 20,– bis DM 30,– / S 161,– bis S 240,–
●●●● Preisgruppe über DM 30,– bis DM 50,– / S 241,– bis S 400,–
●●●●● Preisgruppe über DM 50,– / S 401,–
*(unverbindliche Preisempfehlung)

Die Preise entsprechen dem Status beim Druck dieses

FALKEN-FEINSCHMECKER
Zart schmelzende Versuchungen
Schokolade
(0819) Von J. Schroer, 48 S., 53 Farbfotos, Pappband. ●

Köstlichkeiten für Gäste und Feste
Kalte Platten
(4200) Von I. Pfliegner, 160 S., 130 Farbfotos, Pappband. ●●●

Kochen für Gäste
Köstliche Menüs mit Liebe zubereitet.
(5149) Von R. Wesseler, 64 S., 40 Farbfotos, Pappband. ●●

Das richtige Frühstück
Gesunde Vollwertkost vitaminreich und naturbelassen.
(0784) Von C. Kratzel und R. Böll, 32 S., 28 Farbfotos, Pappband. ●

Bocuse à la carte
Französisch kochen mit dem Meister.
(4237) Von P. Bocuse, 88 S., 218 Farbfotos, Pappband. ●

Kochschule mit Paul Bocuse
(6016/VHS, 6017/Video 2000, 6018/Beta), 60 Min. in Farbe. ●●●●●*

Natursammlers Kochbuch
Wildfrüchte und Gemüse, Pilze, Kräuter – finden und zubereiten. (4040) Von C. M. Kerler, 140 S., 12 Farbtafeln, kart. ●●

Cocktails
(4267) Von W. R. Hoffmann, W. Hubert, U. Lottring, 160 S., 164 Farbfotos, 1 s/w-Foto, Pappband. ●●●

Neue Cocktails und Drinks
mit und ohne Alkohol. (0517) Von S. Späth, 128 S., 4 Farbtafeln, kart. ●

Mixgetränke
mit und ohne Alkohol (5017) Von C. Arius, 64 S., 35 Farbfotos, Pappband. ●●

Cocktails und Mixereien
für häusliche Feste und Feiern. (0075) Von J. Walker, 96 S., 4 Farbtafeln, kart. ●

Die besten Punsche, Grogs und Bowlen
(0575) Von F. Dingden, 64 S., 4 Farbtafeln, kart. ●

Weine und Säfte, Liköre und Sekt
selbstgemacht. (0702) Von P. Arauner, 232 S., 76 Abb., kart. ●●

Mitbringsel aus meiner Küche
selbst gemacht und liebevoll verpackt.
(0668) Von C. Schönherr, 32 S., 30 Farbfotos, Pappband. ●

Weinlexikon
Wissenswertes über die Weine der Welt.
(4149) Von U. Keller, 228 S., 6 Farbtafeln, 395 s/w-Fotos, Pappband. ●●●

Heißgeliebter Tee
Sorten, Rezepte und Geschichten. (4114) Von C. Maronde, 153 S., 16 Farbtafeln, 93 Zeichnungen, Pappband. ●●●

Tee für Genießer.
Sorten · Riten · Rezepte. (0356) Von M. Nicolin, 64 S., 4 Farbtafeln, kart. ●

Tee
Herkunft · Mischungen · Rezepte. (0515) Von S. Ruske, 96 S., 4 Farbtafeln, 16 s/w-Abbildungen, Pappband. ●

Kinder lernen spielend backen
(5110) Von M. Gutta, 64 S., 45 Farbfotos, Pappband. ●

Kinder lernen spielend kochen
Lieblingsgerichte mit viel Spaß selbst zubereitet.
(5096) Von M. Gutta, 64 S., 45 Farbfotos, Pappband. ●●

Komm, koch mit mir
Kunterbuntes Kochvergnügen für Kinder.
(4285) Von S. und H. Theilig, Illustrationen von B. v. Hayek, 96 S., 48 Farbfotos, 350 Farb- und 1 s/w-Zeichnung, Pappband. ●●

Hobby

Aquarellmalerei
als Kunst und Hobby. (4147) Von H. Haack und B. Wersche, 136 S., 62 Farbfotos, 119 Zeichnungen, Pappband. ●●●●

Aquarellmalerei
Materialien · Techniken · Motive.
(5099) Von T. Hinz, 64 S., 79 Farbfotos, Pappband. ●

Hobby Aquarellmalen
Landschaft und Stilleben
(0876) Von I. Schade, A. Brück, 80 S., 111 Farbabbildungen, kart. ●●

Videokassette
Hobby Aquarellmalen
Landschaft und Stilleben (6022/VHS)
ca. 40 Min., in Farbe. ●●●●*

Aquarellmalerei leicht gelernt
Materialien · Techniken · Motive.
(0787) Von T. Hinz, R. Braun, B. Zeidler, 32 S., 38 Farbfotos, 1 Zeichnung. ●

Aquarellieren auf Seide
Materialien · Techniken · Motive.
(0917) Von I. Demharter, 32 S., 41 Farbfotos, Pappband. ●

Hobby Ölmalerei
Landschaft und Stilleben
(0875) Von H. Kämper, I. Becker, 80 S., 93 Farbabb., kart. ●●

Videokassette
Hobby Ölmalerei
Landschaft und Stilleben (6025/VHS)
ca. 40 Min., in Farbe. ●●●●*

Falken-Handbuch
Zeichnen und Malen
(4167) Von B. Bagnall, 336 S., 1154 Farbabb., Pappband. ●●●●●

Naive Malerei
Materialien · Motive · Techniken. (5083) Von F. Krettek, 64 S., 76 Farbfotos, Pappband. ●●

Bauernmalerei
als Kunst und Hobby. (4057) Von A. Gast und H. Stegmüller, 128 S., 239 Farbfotos, 26 Riß-Zeichnungen, Pappband. ●●●

Hobby Bauernmalerei
(0436) Von S. Ramos und J. Roszak, 80 S., 116 Farbfotos und 28 Motivvorlagen, kart. ●●

Bauernmalerei
Kreatives Hobby nach alter Volkskunst
(5039) Von S. Ramos, 64 S., 85 Farbfotos, Pappband. ●●

Glasmalerei
als Kunst und Hobby. (4088) Von F. Krettek und S. Beeh-Lustenberger, 132 S., 182 Farbfotos, 38 Motivvorlagen, Pappband. ●●●●

Naive Hinterglasmalerei
Materialien · Techniken · Bildvorlagen
(5145) Von F. Krettek, 64 S., 87 Farbfotos, 6 Zeichnungen, Pappband. ●●

Kalligraphie
Die Kunst des schönen Schreibens
(4263) Von C. Hartmann, 120 S., 44 Farbvorlagen, 29 s/w-Vorlagen, 2 s/w-Zeichnungen, 38 Farbfotos, Pappband. ●●●

Seidenmalerei als Kunst und Hobby
(4264) Von S. Hahn, 136 S., 256 Farbfotos, 1 s/w-Foto, 34 Farbzeichnungen, Pappband. ●●●●

Kunstvolle Seidenmalerei
Mit zauberhaften Ideen zum Nachgestalten.
(0783) Von I. Demharter, 32 S., 56 Farbfotos, Pappband. ●

Zauberhafte Seidenmalerei
Materialien · Techniken · Gestaltungsvorschläge. (0664) Von E. Dorn, 32 S., 62 Farbfotos, Pappband. ●

Hobby Seidenmalerei
(0611) Von R. Henge, 88 S., 106 Farbfotos, 28 Zeichnungen, kart. ●●

Hobby Stoffdruck und Stoffmalerei
(0555) Von A. Ursin, 80 S., 68 Farbfotos, 68 Zeichnungen, kart. ●●

Stoffmalerei und Stoffdruck
Materialien · Techniken · Ideen · Modelle
(5074) Von H. Gehring, 64 S., 110 Farbfotos, Pappband. ●●

Batik
leicht gemacht. Materialien · Färbetechniken · Gestaltungsideen. (5112) Von A. Gast, 64 S., 105 Farbfotos, Pappband. ●●

Textilfärben
Färben so einfach wie Waschen. (0693) Von W. Siegrist, P. Schärli, 32 S., 47 Farbfotos, 3 Zeichnungen, Spiralbindung. ●

Kreatives Bilderweben
Materialien – Vorlagen – Motive
(0814) Von A. Schulte-Huxel, 32 S., 58 Farbfotos, 8 Zeichnungen, Pappband. ●

Hobby Applikationen
Materialien · Techniken · Modelle.
(0899) Von H. Probst-Reinhardt, 80 S., 92 Farbfotos, 31 Zeichnungen, kart. ●●

Flechten
mit Bast, Stroh und Peddigrohr. (5098) Von H. Hangleiter, 64 S., 47 Farbfotos, 76 Zeichnungen, Pappband. ●●

Makramee
Knüpfarbeiten leicht gemacht. (5075) Von B. Pröttel, 64 S., 95 Farbfotos, Pappband. ●●

Falken-Handbuch
Nähen
Abc der Nähtechniken und kreative Modellschneiderei in ausführlichen Schritt-für-Schritt-Bildfolgen.
(4272) Von A. Bree, 320 S., 1142 Abbildungen, Schnittmusterbogen für alle Modelle, Pappband. ●●●●

Falken-Handbuch
Häkeln
ABC der Häkeltechniken und Häkelmuster in ausführlich Schritt-für-Schritt-Bildfolgen. (4194) Von H. Fuchs, N. Natter, 288 S., 597 Farbfotos, 476 farbige Zeichnungen, Pappband. ●●●●

Häkeln
Schritt für Schritt für Rechts- und Linkshänder. (5134) Von H. Klaus, 64 S., 120 Farbfotos, 144 Zeichnungen, Pappband. ●●

Klöppeln
Schritt für Schritt leicht gelernt. (0788) Von U. Seiffer, 32 S., 42 Farb-, 1 s/w-Foto, 25 Zeichnungen, mit Klöppelbriefen, Pappband. ●

Sticken
Schritt für Schritt für Rechts- und Linkshänder. (5135) Von U. Werner, 64 S., 196 Farbfotos, 96 Zeichnungen, Pappband. ●●

Die hier vorgestellten Bücher, Videokassetten und Software sind in folgende Preisgruppen unterteilt:

● Preisgruppe bis DM 10,–/S 79,–
●● Preisgruppe über DM 10,– bis DM 20,– / S 80,– bis S 160,–
●●● Preisgruppe über DM 20,– bis DM 30,– / S 161,– bis S 240,–
●●●● Preisgruppe über DM 30,– bis DM 50,– / S 241,– bis S 400,–
●●●●● Preisgruppe über DM 50,–/S 401,–
*(unverbindliche Preisempfehlung)

Verzeichnisses (s. Seite 1) – Änderungen, im besonderen der Preise, vorbehalten –

Monogrammstickerei
Mit Vorlagen für Initialen, Vignetten und Ornamente. (5148) Von H. Fuchs, 64 S., 50 Farbfotos, 50 Zeichnungen, Pappband. ●●

Falken-Handbuch
Stricken
ABC der Stricktechniken und Strickmuster in ausführlichen Schritt-für-Schritt-Bildfolgen. (4137) Von M. Natter, 312 S., 106 Farb- und 922 s/w-Fotos, 318 Zeichnungen, Pappband. ●●●●

Bestrickend schöne Ideen
Pullover, Westen, Ensembles, Jacken
(4178) Von R. Weber, 208 S., 220 Farbfotos, 358 Zeichnungen, Pappband. ●●●

Chic in Strick
Neue Pullover
Westen · Jacken · Kleider · Ensembles. (4224) Hrsg. R. Weber, 192 S., 255 Farbabb., Pappband. ●●●

Das moderne Standardwerk von der Expertin
Perfekt Stricken
Mit Sonderteil Häkeln
(4250) Von H. Jaacks, 256 S., 703 Farbfotos, 169 Farb- und 121 s/w-Zeichnungen, Pappband. ●●●

Videokassette Stricken
(6007/VHS, 6008/Video 2000, 6009/Beta). Von F. Krolikowski-Habicht, H. Jaacks, 51 Min., in Farbe. ●●●●*

Stricken
Schritt für Schritt für Rechts- und Linkshänder. (5142) Von S. Oelwein-Schefczik, 64 S., 148 Farbfotos, 173 Zeichnungen, Pappband. ●●

Die schönsten Handarbeiten zum Verschenken
(4225) Von B. Wenzelburger, 128 S., 156 Farbfotos, 70 2-farbige Zeichnungen, Pappband. ●●●●

Kuscheltiere stricken und häkeln
Arbeitsanleitungen und Modelle. (0734) Von B. Wehrle, 32 S., 60 Farbfotos, 28 Zeichnungen, Spiralbindung. ●

Hobby Patchwork und Quilten
(0768) Von B. Staub-Wachsmuth, 80 S., 108 Farbabb., 43 Zeichnungen, kart. ●●

Hobby Spitzencollagen
Bezaubernde Motive aus edlem Material. (0847) Von H. Westphal, 80 S., 186 Farbfotos, kart. ●●

Textiles Gestalten
Weben, Knüpfen, Batiken, Sticken, Objekte und Strukturen. (5123) Von J. Fricke, 136 S., 67 Farb- und 189 s/w-Fotos, 15 Zeichnungen, kart. ●●

Gestalten mit Glasperlen
fädeln · sticken · weben (0640) Von A. Köhler, 32 S., 55 Farbfotos, Spiralbindung. ●

Schmuck, Accessoires und Dekoratives
aus Fimo modelliert
(0873) Von A. Aurich, 32 S., 54 Farbfotos, Pappband. ●

Phantasievolles Schminken
Verzauberte Gesichter für Maskeraden, Laienspiel und Kinderfeste. (0907) Hrsg. von Y. u. H. Nadoliny, 64 S., 227 Farbfotos, kart. ●

Neue zauberhafte Salzteig-Ideen
(0719) Von I. Kiskalt, 80 S., 324 Farbfotos, 12 Zeichnungen, kart. ●●

Hobby Salzteig
(0662) Von I. Kiskalt, 80 S., 150 Farbfotos, 5 Zeichnungen, Schablonen, kart. ●●

Gestalten mit Salzteig
formen · bemalen · lackieren. (0613) Von W.-U. Cropp, 32 S., 56 Farbfotos, 17 Zeichnungen, Pappband. ●

Originell und dekorativ
Salzteig mit Naturmaterialien
(0833) Von A. und H. Wegener, 80 S., 166 Farbfotos, kart. ●●

Buntbemalte Kunstwerke aus Salzteig
Figuren, Landschaften und Wandbilder. (5141) Von G. Belli, 64 S., 165 Farbfotos, 1 Zeichnung, Pappband. ●●

Kreatives Gestalten mit Salzteig
Originelle Motive für Fortgeschrittene. (0769) Hrsg. I. Kiskalt, 80 S., 168 Farbfotos, kart. ●●

Videokassette Salzteig
(6010/VHS, 6011/Video 2000, 6012/Beta) Von I. Kiskalt, Dr. A. Teuchert, in Farbe, ca. 35 Min. ●●●●●*

Tiffany-Spiegel selbermachen
Materialien · Arbeitsanleitung · Vorlagen. (0761) Von R. Thomas, 32 S., 53 Farbfotos, Pappband. ●

Tiffany-Schmuck selbermachen
Materialien · Arbeitsanleitungen · Modelle. (0871) Von B. Poludniak, H. W. Scheib, 32 S., 54 Farbfotos, 3 Zeichnungen, Pappband. ●

Tiffany-Lampen selbermachen
Arbeitsanleitung · Materialien · Modelle. (0684) Von I. Spliethoff, 32 S., 60 Farbfotos, Pappband. ●

Hobby Glaskunst in Tiffany-Technik
(0781) Von N. Köppel, 80 S., 194 Farbfotos, 6 s/w-Abb., kart., ●●

Origami –
Die Kunst des Papierfaltens. (0280) Von R. Harbin, 160 S., 633 Zeichnungen, kart. ●

Hobby Origami
Papierfalten für groß und klein. (0756) Von Z. Aytüre-Scheele, 88 S., über 800 Farbfotos, kart. ●●

Neue zauberhafte Origami-Ideen
Papierfalten für groß und klein. (0805) Von Z. Aytüre-Scheele, 80 S., 720 Farbfotos, kart. ●●

Weihnachtsbasteleien
(0667) Von M. Kühnle und S. Beck, 32 S., 56 Farbfotos, 6 Zeichnungen, Pappband. ●●

Bastelspaß mit der Laubsäge
Mit Schnittmusterbogen für viele Modelle in Originalgröße. (0741) Von L. Giesche, M. Bausch, 32 S., 61 Farbfotos, 7 Zeichnungen, Schnittmusterbogen, Pappband. ●

Hobby Drachen
bauen und steigen lassen. (0767) Von W. Schimmelpfennig, 80 S., 1 dreiseitige Ausklapptafel, 55 Farbfotos, 139 Zeichnungen, kart. ●●

Falken-Heimwerker-Praxis
Tapezieren
(0743) Von W. Nitschke, 112 S., 186 Farbfotos, 9 Zeichnungen, kart. ●●

Falken-Heimwerker-Praxis
Anstreichen und Lackieren
(0771) Von P. Müller, 120 S., 186 Farbfotos, 2 s/w Fotos, 3 Zeichnungen, kart. ●●

Falken-Heimwerker-Praxis
Fahrrad-Reparaturen
(0796) Von R. van der Plas, 112 S., 140 Farbfotos, 113 farbige Zeichnungen, kart. ●●

Falken-Heimwerker-Praxis
Kleinmöbel aus Holz
(0905) Von O. Maier, 128 S., 210 Farbfotos, 80 Zeichnungen, kart. ●●

Falken-Handbuch
Heimwerken
Reparieren und Selbermachen in Haus und Wohnung – über 1100 Farbfotos. Praktische Tips vom Profi: Selbermachen, Reparieren, Renovieren, Kostensparen. (4117) Von Th. Pochert, 440 S., 1103 Farbfotos. 100 ein- und zweifarbige Abb., Pappband. ●●●●

Feuerzeichen behaglicher Wohnkultur
Kachelöfen, Kamine und Kaminöfen
(4288) Hrsg. von C. Berninghaus. Von R. Heinen, G. Kosicek, H. P. Sabborrosch, 168 S., 291 Farbfotos, 2 s/w-Fotos, 8 Zeichnungen, Pappband. ●●●●●

Restaurieren von Möbeln
Stilkunde, Materialien, Techniken, Arbeitsanleitungen in Bildfolgen.
(4120) Von E. Schnaus-Lorey, 152 S., 37 Farbfotos, 75 s/w Fotos, 352 Zeichnungen, Pappband. ●●●●

Möbel aufarbeiten, reparieren und pflegen
(0386) Von E. Schnaus-Lorey, 96 S., 28 Fotos, 101 Zeichnungen, kart., ●●

Vogelhäuschen, Nistkästen, Vogeltränken
mit Plänen und Anleitungen zum Selbstbau. (0695) Von J. Zech, 32 S., 42 Farbfotos, 5 Zeichnungen, Pappband. ●

Strohschmuck selbstgebastelt
Sterne, Figuren und andere Dekorationen (0740) Von E. Rombach, 32 S., 60 Farbfotos, 17 Zeichnungen, Pappband. ●

Das Herbarium
Pflanzen sammeln, bestimmen und pressen. (5113) Von I. Gabriel, 96 S., 140 Farbfotos, Pappband. ●●

Gestalten mit Naturmaterialien
Zweige, Kerne, Federn, Muscheln und anderes. (5128) Von I. Krohn, 64 S., 101 Farbfotos, 11 farbige Zeichnungen, Pappband. ●●

Blütenbilder aus Blumen und Blätter
Phantasievolle Naturcollagen.
(0872) Von G. Schamp, 32 S., 57 Farbfotos, 1 Zeichnung, Pappband. ●

Dauergestecke
mit Zweigen, Trocken- und Schnittblumen. (5121) Von G. Vocke, 64 S., 57 Farbfotos, Pappband. ●●

Ikebana
Einführung in die japanische Kunst des Blumensteckens. (0548) Von G. Vocke, 152 S., 47 Farbfotos, kart. ●●

Blumengestecke im Ikebanastil
(5041) Von G. Vocke, 64 S., 37 Farbfotos, viele Zeichnungen, Pappband. ●●

Hobby Trockenblumen
Gewürzsträuße, Gestecke, Kränze, Buketts. (0643) Von R. Strobel-Schulze, 88 S., 170 Farbfotos, kart. ●●

Hobby Gewürzsträuße
und zauberhafte Gebinde nach Salzburger Art. (0726) Von A. Ott, 80 S., 101 Farbfotos, 51 farbige Zeichnungen, kart. ●●

Trockenblumen und Gewürzsträuße
(5084) Von G. Vocke, 64 S., 63 Farbfotos, Pappband. ●●

Arbeiten mit Ton
Töpfern mit und ohne Scheibe.
(5048) Von J. Fricke, 128 S., 15 Farbtafeln, 166 s/w-Fotos, kart. ●●

Töpfern
als Kunst und Hobby. (4073) Von J. Fricke, 132 S., 37 Farbfotos, 222 s/w-Fotos, Pappband. ●●●●

Die hier vorgestellten Bücher, Videokassetten und Software sind in folgende Preisgruppen unterteilt:

● Preisgruppe bis DM 10,–/S 79,–
●● Preisgruppe über DM 10,– bis DM 20,– S 80,– bis S 160,–
●●● Preisgruppe über DM 20,– bis DM 30,– S 161,– bis S 240,–
●●●● Preisgruppe über DM 30,– bis DM 50,– S 241,– bis S 400,–
●●●●● Preisgruppe über DM 50,–/S 401,–
*(unverbindliche Preisempfehlung)

Die Preise entsprechen dem Status beim Druck dieses

Schöne Sachen modellieren
Originelles aus Cernit – ideenreich gestaltet. (0762) Von G. Thelen, 32 S., 105 Farbfotos, Pappband. ●

Porzellanpuppen
Zauberhafte alte Puppen selbst nachbilden. (5138) Von C. A. und D. Stanton, 64 S., 58 Farbfotos, 22 Zeichnungen, Pappband. ●●

Zauberhafte alte Puppen
Sammeln · Restaurieren · Nachbilden (4255) Von C. A. Stanton, J. Jacobs, 120 S., 157 Farbfotos, 24 Zeichnungen, Pappband. ●●●●

Stoffpuppen
Liebenswerte Modelle selbermachen. (5150) Von I. Wolff, 56 S., 115 Farbfotos, 15 Zeichnungen, mit Schnittmusterbogen, Pappband. ●●

Hobby Puppen
Bezaubernde Modelle selbst gestalten. (0742) Von B. Wenzelburger, 88 S., 163 Farbfotos, 41 Zeichnungen, 11 Schnittmuster, kart. ●●

Puppen und Figuren aus Kunstporzellan
gießen, bemalen und gestalten. (0735) Von G. Baumgarten, 32 S., 86 Farbfotos, Pappband. ●●

Selbstgestrickte Puppen
Materialien und Arbeitsanleitungen. (0638) Von B. Wehrle, 32 S., 23 Farbfotos, 24 Zeichnungen, Pappband. ●

Dekorative Rupfenpuppen
Arbeitsanleitungen und Gestaltungsvorschläge. (0733) Von B. Wenzelburger, 32 S., 57 Farbfotos, 14 Zeichnungen, Spiralbindung. ●

Phantasiepuppen stricken und häkeln
Märchenhafte Modelle mit Arbeitsanleitungen. (0813) Von B. Wehrle, 32 S., 26 Farbfotos, 30 einfarbige und 16 dreifarbige Zeichnungen, Pappband. ●

Heißgeliebte Teddybären
Selbermachen · Sammeln · Restaurieren. (0900) Von H. Nadolny, Y. Thalheim, 80 S., 119 Farbfotos, 23 s/w-Zeichnungen, 14 S. Schnittmusterbogen, kart. ●●

Schritt für Schritt zum Scherenschnitt
Materialien · Techniken · Gestaltungsvorschläge. (0732) Von H. Klingmüller, 32 S., 38 Farbfotos, 34 Vorlagen, Pappband. ●

Garagentore selbst bemalt
Techniken und Motive. (0786) Von H. u. Y. Nadolny, 32 S., 24 Farbfotos, 12 s/w-Zeichnungen, Pappband. ●

Alle Jahre wieder...
Advent und Weihnachten
Basteln – Backen – Schmücken – Singen – Vorlesen – Feiern
(4260) Von H. und Y. Nadolny, 256 S., 105 Farbfotos, 130 Zeichnungen, Pappband. ●●●

Freizeit

Aktfotografie
Interpretationen zu einem unerschöpflichen Thema.
Gestaltung · Technik · Spezialeffekte. (0737) Von H. Wedewardt, 88 S., 144 Farb- und 6 s/w-Fotos, 6 Zeichnungen, kart. ●●

Videokassette Aktfotografie
Laufzeit ca. 60 Min. in Farbe. (6001/VHS, 6002/Video 2000, 6003/Beta) ●●●●●*

So macht man bessere Fotos
Das meistverkaufte Fotobuch der Welt. (0614) Von M. L. Taylor, 192 S., 457 Farbfotos, 15 Abb., kart. ●●

Falken-Handbuch **Trickfilmen**
Flach-, Sach- und Zeichentrickfilme – von der Idee zur Ausführung. (4131) Von H.-D. Wilden, 144 S., über 430 überwiegend farbige Abb. ●●●●

Schmalfilmen
Ausrüstung · Aufnahmepraxis · Schnitt · Ton. (0342) Von U. Ney, 108 S., 4 Farbtafeln, 25 s/w-Fotos, kart. ●

Schmalfilme selbst vertonen
(0593) Von U. Ney, 96 S., 57 s/w-Fotos, 14 Zeichnungen, kart. ●

Fotografie – Das Schöne als Ziel
Zur Ästhetik und Psychologie der visuellen Wahrnehmung. (4122) Von E. Stark, 208 S., 252 Farbfotos, 63 Zeichnungen, Ganzleinen. ●●●●●

Videografieren
Filmen mit Video 8
Technik – Bildgestaltung – Schnitt – Vertonung. (0843) Von M. Wild und K. Möller, 120 S., 101 Farbfotos, 22 s/w-Fotos, 52 Zeichnungen, kart. ●●

Videokassette
Videografieren
Filmen mit Video 8
Technik – Bildgestaltung – Schnitt – Vertonung. (6031) VHS, (6033) Beta, (6034) Sony 8 mm, von M. Wild, 60 Min., in Farbe. ●●●●●*

Ferngelenkte Motorflugmodelle
bauen und einfliegen. (0400) Von W. Thies, 184 S., mit Zeichnungen und Detailplänen, kart. ●●

Flugmodelle
bauen und einfliegen. (0361) Von W. Thies und W. Rolf, 160 S., 63 Abb., 7 Faltpläne, kart. ●●

Kleine Welt auf Rädern
Das faszinierende Spiel mit **Modelleisenbahnen** (4175) Von F. Eisen, 256 S., 72 Farb- und 180 s/w-Fotos, 25 Zeichnungen, Pappband. ●●●

Modelleisenbahnen im Freien
Mit Volldampf durch den Garten. (4245) Von F. Eisen, 96 S., 115 Farb-, 4 s/w-Fotos, 5 Zeichnungen, Pappband. ●●●

Videokassette
Die Modelleisenbahn
Anlagenbau in Modultechnik.
Neue kreative Gestaltung.
Neue raffinierte Techniken.
(6028) VHS, (6029) Video 2000, (6030) Beta, von J. Grahn, 30 Min., in Farbe. ●●●●*

Die Super-Eisenbahnen der Welt
(4287) Von W. Kosak, H. G. Isenberg, 224 S., 269 Farbfotos, 79 s/w-Fotos, 8 Vignetten, 5 farb. Ausklapptafeln, Pappband. ●●●●

Raketen auf Rädern
Autos und Motorräder an der Schallgrenze (4220) Von H. G. Isenberg, 96 S., 112 Farbfotos, 21 s/w-Fotos, Pappband. ●●●

Die rasantesten Rallyes der Welt
(4213) Von H. G. Isenberg und D. Maxeiner, 96 S., 116 Farbfotos, Pappband. ●●●

Trucks
Giganten der Landstraßen in aller Welt. (4222) Von H. G. Isenberg, 96 S., 131 Farbfotos, Pappband. ●●●

Die Super-Trucks der Welt
(4257) Von H. G. Isenberg, 194 S., 205 Farbfotos, 87 s/w-Fotos, 7 Farbzeichnungen, 4 Ausklapptafeln, Pappband. ●●●●

Ferngelenkte Elektroflugmodelle
bauen und fliegen. (0700) Von W. Thies, 144 S., 52 s/w-Fotos, 50 Zeichnungen, kart. ●●

Schiffsmodelle
selber bauen. (0500) Von D. und R. Lochner, 200 S., 93 Zeichnungen, 2 Faltpläne, kart. ●●

Dampflokomotiven
(4204) Von W. Jopp, 96 S., 134 Farbfotos, Pappband. ●●●

Ferngelenkte Segelflugmodelle
bauen und fliegen. (0446) Von W. Thies, 176 S., 22 s/w-Fotos, 115 Zeichnungen, kart. ●●

Motorrad-Hits
Chopper, Tribikes, Heiße Öfen. (4221) Von H. G. Isenberg, 96 S., 119 Farbfotos, Pappband. ●●●

Die Super-Motorräder der Welt
(4193) Von H. G. Isenberg, 192 S., 170 Farb- und 100 s/w-Fotos, 8 Zeichnungen, Pappband. ●●●●

Motorrad-Faszination
Heiße Öfen, von denen jeder träumt. (4223) Von H. G. Isenberg, 96 S., 103 Farb- und 20 s/w-Fotos, Pappband. ●●●

Münzen
Ein Brevier für Sammler. (0353) Von E. Dehnke, 128 S., 4 Farbtafeln, 17 s/w-Abb., kart. ●●

Astronomie als Hobby
Sternbilder und Planeten erkennen und benennen. (0572) Von D. Block, 176 S., 16 Farbtafeln, 49 s/w-Fotos, 93 Zeichnungen, kart. ●●

Astronomie im Bild
Unser Sternenhimmel rund ums Jahr
(0849) Von Dr. E. Übelacker, 88 S., 48 Farbfotos, 1 s/w-Foto, 68 Farbzeichnungen, kart. ●●

Gitarre spielen
Ein Grundkurs für den Selbstunterricht. (0534) Von A. Roßmann, 96 S., 1 Schallfolie, 150 Zeichnungen, kart. ●●●

Falken-Handbuch **Zaubern**
Über 400 verblüffende Tricks. (4063) Von F. Stutz, 368 S., 1200 Zeichnungen, Pappband. ●●●●

Zaubertricks für jedermann
(0282) Von J. Merlin, 176 S., 113 Abb., kart. ●●

Zaubern
einfach – aber verblüffend. (2018) Von D. Buoch, 84 S., 41 Zeichnungen, kart. ●

Magische Zaubereien
(0672) Von W. Widenmann, 64 S., 31 Zeichnungen, kart. ●

Die hier vorgestellten Bücher, Videokassetten und Software sind in folgende Preisgruppen unterteilt:

● Preisgruppe bis DM 10,–/S 79,–
●● Preisgruppe über DM 10,– bis DM 20,–/S 80,– bis S 160,–
●●● Preisgruppe über DM 20,– bis DM 30,–/S 161,– bis S 240,–
●●●● Preisgruppe über DM 30,– bis DM 50,–/S 241,– bis S 400,–
●●●●● Preisgruppe über DM 50,–/S 401,–
*(unverbindliche Preisempfehlung)

Verzeichnisses (s. Seite 1) – Änderungen, im besonderen der Preise, vorbehalten –

Mit vollem Genuß
Pfeife rauchen
Alles über Tabaksorten, Pfeifen und Zubehör. (4227) Von H. Behrens, H. Frickert, 168 S., 127 Farbfotos, 18 Zeichnungen, Pappband. ●●●●

Mineralien, Steine und Fossilien
Grundkenntnisse für Hobby-Sammler. (0437) Von D. Stobbe, 96 S., 16 Farbtafeln, 14 s/w-Fotos, 10 Zeichnungen, kart. ●

Freizeit mit dem Mikroskop
(0291) Von H. Deckart, 132 S., 8 Farbtafeln, 64 s/w Abb., 2 Zeichnungen, kart. ●

Die Faszination der Philatelie
Briefmarken sammeln
(4273) Von D. Stein, 212 S., 124 s/w-Fotos, 24 Farbtafeln, Pappband. ●●●

Briefmarken
sammeln für Anfänger. (0481) Von D. Stein, 120 S., 4 Farbtafeln, 98 s/w-Abb., kart. ●

Wir lernen tanzen
Standard- und lateinamerikanische Tänze. (0200) Von E. Fern, 168 S., 118 s/w-Fotos, 47 Zeichnungen, kart. ●

Fit mit Tanzen
(2303) Von K. Richter, H. Kleinow, 88 S., 94 Farbfotos, kart. ●

So tanzt man Rock'n'Roll
Grundschritte · Figuren · Akrobatik. (0573) Von W. Steuer und G. Marz, 224 S., 303 Abb., kart. ●●

Tanzen überall
Discofox, Rock'n'Roll, Blues, Langsamer Walzer, Cha-Cha-Cha zum Selberlernen. (0760) Von H. M. Pritzer, 112 S., 128 Farbfotos, kart. ●●

Videokassette Tanzen überall
Discofox, Rock'n'Roll, Blues. (6004/VHS, 6005/Video 2000, 6006/Beta) Von H. M. Pritzer, G. Steinheimer, in Farbe, ca. 45 Min. ●●●●●*

Anmutig und fit durch
Bauchtanz
(0911) Von Marta, 120 S., 229 Farbfotos, 6 s/w-Zeichnungen, kart. ●●

Schwarzwald-Romantik
Vom Zauber einer deutschen Landschaft. (4232) Hrsg. A. Rolf, 184 S., 273 Farbfotos, Pappband. ●●●

Sport

ZDF Sportjahr '87
Rekorde, Siege, Schicksale, Ergebnisse, Termine '88
(4290) Hrsg. von B. Heller, 192 S., 278 Farb- und 4 s/w-Fotos, kart. ●●

Judo
Grundlagen des Stand- und Bodenkampfes. (4013) Von W. Hofmann, 244 S., 589 Fotos, Pappband. ●●

Neue Lehrmethoden der Judo-Praxis
(0424) Von P. Herrmann, 223 S., 475 Abb., kart. ●●

Judo
Grundlagen – Methodik. (0305) Von M. Ohgo, 208 S., 1025 Fotos, kart. ●●

Fußwürfe
für Judo, Karate und Selbstverteidigung. (0439) Von H. Nishioka, 96 S., 260 Abb., kart. ●

Modernes Karate
Das große Standardwerk mit 2229 Abbildungen. (4280) Von T. Okazaki, Dr. med. M. V. Stricevic, übers. von M. Pabst, 376 S., 2279 Abbildungen, Pappband. ●●●●●

Karate für alle
Karate-Selbstverteidigung in Bildern. (0314) Von A. Pflüger, 112 S., 356 s/w-Fotos, kart. ●

Karate für Frauen und Mädchen
Sport und Selbstverteidigung. (0425) Von A. Pflüger, 168 S., 259 s/w-Fotos, kart. ●

Nakayamas Karate perfekt 1
Einführung. (0487) Von M. Nakayama, 136 S., 605 s/w-Fotos, kart. ●●

Nakayamas Karate perfekt 2
Grundtechniken. (0512) Von M. Nakayama, 136 S., 354 s/w-Fotos, 53 Zeichnungen, kart. ●●

Nakayamas Karate perfekt 3
Kumite 1: Kampfübungen. (0538) Von M. Nakayama, 128 S., 424 s/w-Fotos, kart. ●●

Nakayamas Karate perfekt 4
Kumite 2: Kampfübungen. (0547) Von M. Nakayama, 128 S., 394 s/w-Fotos, kart. ●●

Nakayamas Karate perfekt 5
Kata 1: Heian, Tekki. (0571) Von M. Nakayama, 144 S., 1229 s/w-Fotos, kart. ●●

Nakayamas Karate perfekt 6
Kata 2: Bassai-Dai, Kanku-Dai, (0600) Von M. Nakayama, 144 S., 1300 s/w-Fotos, 107 Zeichnungen, kart. ●●

Nakayamas Karate perfekt 7
Kata 3: Jitte, Hangetsu, Empi. (0618) Von M. Nakayama, 144 S., 1988 s/w-Fotos, 105 Zeichnungen, kart. ●●

Nakayamas Karate perfekt 8
Gankaku, Jion. (0650) Von M. Nakayama, 144 S., 1174 s/w-Fotos, 99 Zeichnungen, kart. ●●

Kontakt-Karate
Ausrüstung · Technik · Training. (0396) Von A. Pflüger, 112 S., 238 s/w-Fotos, kart. ●●

Karate-Do
Das Handbuch des modernen Karate. (4028) Von A. Pflüger, 360 S., 1159 Abb., Pappband. ●●●●

Bo-Karate
Kukishin-Ryu – die Techniken des Stockkampfes. ((0447) Von G. Stiebler, 176 S., 424 s/w-Fotos, 38 Zeichnungen, kart. ●●

Karate I
Einführung · Grundtechniken. (0227) Von A. Pflüger, 148 S., 195 s/w-Fotos, 120 Zeichnungen, kart. ●

Karate II
Kombinationstechniken · Katas. (0239) Von A. Pflüger, 176 S., 452 s/w-Fotos und Zeichnungen, kart. ●

Karate Kata 1
Heian 1-5, Tekki 1, Bassai Dai. (0683) Von W.-D. Wichmann, 164 S., 703 s/w-Fotos, kart. ●●

Karate Kata 2
Jion, Empi, Kanku-Dai, Hangetsu. (0723) Von W.-D. Wichmann, 140 S., 661 s/w-Fotos, 4 Zeichnungen, kart. ●●

25 Shotokan-Katas
Auf einen Blick: Karate-Katas für Prüfungen und Wettkämpfe. (0859) Von A. Pflüger, 88 S., 185 s/w-Abbildungen, 26 ganzseitige Tafeln mit über 1.600 Einzelschritten, kart. ●●●

Videokassette Karate
Einführung und Grundtechniken. (6037/VHS) Von A. Pflüger, ca. 45 Min., in Farbe. ●●●●●*

Ninja 1
Die Lehre der Schattenkämpfer. (0758) Von S. K. Hayes, 144 S., 137 s/w-Fotos, kart. ●●

Ninja 2
Die Wege zum Shoshin (0763) Von S. K. Hayes, 160 S., 309 s/w-Fotos, kart. ●●

Ninja 3
Der Pfad des Togakure-Kämpfers. (0764) Von S. K. Hayes, 144 S., 197 s/w-Fotos, 2 Zeichnungen, kart. ●●

Ninja 4
Das Vermächtnis der Schattenkämpfer. (0807) Von S. K. Hayes, 196 S., 466 s/w-Fotos, kart. ●●

Der König des Kung-Fu
Bruce Lee
Sein Leben und Kampf. (0392) Von seiner Frau Linda. 136 S., 104 s/w-Fotos, kart. ●●

Bruce Lees Kampfstil 1
Grundtechniken. (0473) Von B. Lee und M. Uyehara, 109 S., 220 Abb., kart. ●

Bruce Lees Kampfstil 2
Selbstverteidigungs-Techniken. (0486) Von B. Lee und M. Uyehara, 128 S., 310 Abb., kart. ●

Bruce Lees Kampfstil 3
Trainingslehre. (0503) Von B. Lee und M. Uyehara, 112 S., 246 Abb., kart. ●

Bruce Lees Kampfstil 4
Kampftechniken. (0523) Von B. Lee und M. Uyehara, 104 S., 211 Abb., kart. ●

Bruce Lees Jeet Kune Do
(0440) Von B. Lee, 192 S., mit 105 eigenhändigen Zeichnungen von B. Lee, kart. ●●

Ju-Jutsu 1
Grundtechniken – Moderne Selbstverteidigung. (0276) Von W. Heim und F. J. Gresch, 164 S., 450 s/w-Fotos, 8 Zeichnungen, kart. ●●

Ju-Jutsu 2
für Fortgeschrittene und Meister. (0378) Von W. Heim und F. J. Gresch, 164 S., 798 s/w-Fotos, kart. ●●

Ju-Jutsu 3
Spezial-, Gegen- und Weiterführungs-Techniken. (0485) Von W. Heim und F. J. Gresch, 214 S., über 600 s/w-Fotos, kart. ●●

Ju-Jutsu als Wettkampf
(0826) Von G. Kulot, 168 S., 418 s/w-Fotos, 2 Zeichnungen, kart. ●●

Nunchaku
Waffe · Sport · Selbstverteidigung. (0373) Von A. Pflüger, 144 S., 247 Abb., kart. ●

Shuriken · Tonfa · Sai
Stockfechten und andere bewaffnete Kampfsportarten aus Fernost. (0397) Von A. Schulz, 96 S., 253 s/w-Fotos, kart. ●●

Illustriertes Handbuch des
Taekwondo
Koreanische Kampfkunst und Selbstverteidigung. (4053) Von K. Gil, 248 S., 1026 Abb., Pappband. ●●●

Taekwon-Do
Koreanischer Kampfsport. (0347) Von K. Gil, 152 S., 408 Abb., kart. ●●

Die hier vorgestellten Bücher, Videokassetten und Software sind in folgende Preisgruppen unterteilt:

● Preisgruppe bis DM 10,–/S 79,–
●● Preisgruppe über DM 10,– bis DM 20,– S 80,– bis S 160,–
●●● Preisgruppe über DM 20,– bis DM 30,– S 161,– bis S 240,–
●●●● Preisgruppe über DM 30,– bis DM 50,– S 241,– bis S 400,–
●●●●● Preisgruppe über DM 50,–/S 401,–
*(unverbindliche Preisempfehlung)

Die Preise entsprechen dem Status beim Druck dieses

Taekwondo perfekt 1
Die Formenschule bis zum Blaugurt. (0890) Von K. Gil, Kim Chul-Hwan, 176 S., 439 s/w-Fotos, 107 Zeichnungen, kart. ●●

Aikido
Lehren und Techniken des harmonischen Weges. (0537) Von R. Brand, 280 S., 697 Abb., kart. ●●

Kung-Fu und Tai-Chi
Grundlagen und Bewegungsabläufe. (0367) Von B. Tegner, 182 S., 370 s/w-Fotos, kart. ●

Kung-Fu
Theorie und Praxis klassischer und moderner Stile. (0376) Von M. Pabst, 160 S., 330 Abb., kart. ●

Shaolin-Kempo – Kung-Fu
Chinesisches Karate im Drachenstil. (0395) Von R. Czerni und K. Konrad. 246 S., 723 Abb., kart. ●●

Hap Ki Do
Grundlagen und Techniken koreanischer Selbstverteidigung. (0379) Von Kim Sou Bong, 152 S., 153 Abb., kart. ●●

Dynamische Tritte
Grundlagen für den Zweikampf. (0438) Von C. Lee, 96 S., 398 s/w-Fotos, 10 Zeichnungen, kart. ●

Kickboxen
Fitneßtraining und Wettkampfsport. (0795) Von G. Lemmens, 96 S., 208 s/w-Fotos, 23 Zeichnungen, kart. ●●

Selbstverteidigung
Abwehrtechniken für Sie und Ihn (0853) Von E. Deser, 96 S., 259 s/w-Fotos, kart. ●

Muskeltraining mit Hanteln
Leistungssteigerung für Sport und Fitness. (0676) Von H. Schulz, 108 S., 92 s/w-Fotos, 2 Zeichnungen, kart. ●

Leistungsfähiger durch Krafttraining
Eine Anleitung für Fitness-Sportler, Trainer und Athleten (0617) Von W. Kieser, 100 S., 20 s/w-Fotos, 62 Zeichnungen, kart. ●

Die Faszination athletischer Körper
Bodybuilding
mit Weltmeister Ralf Möller (4281) Von R. Möller, 128 S., 169 Farbfotos, 14 s/w-Fotos, 1 Farbzeichnung, Pappband. ●●●●

Bodybuilding
Anleitung zum Muskel- und Konditionstraining für sie und ihn. (0604) Von R. Smolana. 160 S., 171 s/w-Fotos, kart. ●●

Hanteltraining zu Hause
(0800) Von W. Kieser, 80 S., 71 s/w-Fotos, 4 Zeichnungen, kart. ●

Fit und gesund
Körpertraining und Bodybuilding zu Hause. (0782) Von H. Schulz, 80 S., 100 Farbfotos, 3 Zeichnungen, kart. ●

Videokassette Fit und gesund
VHS (6013), Video 2000 (6014), Beta (6015), Laufzeit 30 Minuten, in Farbe. ●●●●*

Bodybuilding für Frauen
Wege zu ihrer Idealfigur (0661) Von H. Schulz, 108 S., 84 s/w-Fotos, 4 Zeichnungen, kart. ●●

Isometrisches Training
Übungen für Muskelkraft und Entspannung. (0529) Von L. M. Kirsch, 140 S., 162 s/w-Fotos, kart. ●

Spaß am Laufen
Jogging für die Gesundheit. (0470) Von W. Sonntag, 140 S., 41 s/w-Fotos, 1 Zeichnung, kart. ●

Mein bester Freund, der Fußball
(5107) Von D. Brüggemann und D. Albrecht, 144 S., 171 Abb., kart. ●

Fußball
Training und Wettkampf. (0448) Von H. Obermann und P. Walz, 166 S., 92 s/w-Fotos, 15 Zeichnungen, 29 Diagramme, kart. ●●

Handball
Technik · Taktik · Regeln. (0426) Von F. und P. Hattig, 128 S., 91 s/w-Fotos, 121 Zeichnungen, kart. ●

Fit mit Volleyball
(2302) Von Dr. A. Scherer, 104 S., 27 Farb- und 1 s/w-Foto, 12 Farb- und 29 s/w-Zeichnungen, kart. ●

Volleyball
Technik · Taktik · Regeln. (0351) Von H. Huhle, 104 S., 330 Abb., kart. ●

Hockey
Technische und taktische Grundlagen. (0398) Von H. Wein, 152 S., 60 s/w-Fotos, 30 Zeichnungen, kart. ●●

Eishockey
Lauf- und Stocktechnik, Körperspiel, Taktik, Ausrüstung und Regeln. (0414) Von J. Čapla, 264 S., 548 s/w-Fotos, 163 Zeichnungen, kart. ●●

Badminton
Technik · Taktik · Training. (0699) Von K. Fuchs, L. Sologub, 168 S., 51 Abb., kart., ●●

Golf
Ausrüstung · Technik · Regeln. (0343) Von J. C. Jessop, übersetzt von H. Biemer, mit einem Vorwort von H. Krings, Präsident des Deutschen Golf-Verbandes, 160 S., 65 Abb., Anhang Golfregeln des DGV, kart. ●●

Pool-Billard
(0484) Herausgegeben vom Deutschen Pool-Billard-Bund, von M. Bach und K.-W. Kühn, 88 S., mit über 80 Abb., kart. ●

Sportschießen
für jedermann. (0502) Von A. Kovacic, 124 S., 116 s/w-Fotos, kart. ●●

Fechten
Florett · Degen · Säbel. (0449) Von E. Beck, 88 S., 185 Fotos, 10 Zeichnungen, kart. ●●

Fibel für Kegelfreunde
Sport- und Freizeitkegeln · Bowling. (0191) Von G. Bocsai, 72 S., 62 Abb., kart. ●

Beliebte und neue Kegelspiele
(0271) Von G. Bocsai, 92 S., 62 Abb., kart. ●

111 spannende Kegelspiele
(2031) Von H. Regulski, 88 S., 53 Zeichnungen, kart. ●

Ski-Gymnastik
Fit für Piste und Loipe. (0450) Von H. Pilssamek, 104 S., 67 s/w-Fotos, 20 Zeichnungen, kart. ●

Die neue Skischule
Ausrüstung · Technik · Trickskilauf · Gymnastik. (0369) Von C. und R. Kerler, 128 S., 100 Abb., kart. ●

Skilanglauf, Skiwandern
Ausrüstung · Techniken · Skigymnastik. (5129) Von T. Reiter und R. Kerler, 80 S., 8 Farbtafeln, 85 Zeichnungen und s/w-Fotos, kart. ●●

Alpiner Skisport
Ausrüstung · Techniken · Skigymnastik. (5130) Von K. Meßmann, 128 S., 8 Farbtafeln, 93 s/w-Fotos, 45 Zeichnungen, kart. ●●

Die neue Tennis-Praxis
Der individuelle Weg zu erfolgreichem Spiel. (4097) Von R. Schönborn, 240 S., 202 Farbzeichnungen, 31 s/w-Abb., Pappband. ●●●●

Erfolgreiche Tennis-Taktik
(4086) Von R. Ford Greene, übersetzt von M. R. Fischer, 182 S., 87 Abb., kart. ●●

Moderne Tennistechnik
(4187) Von G. Lam, 192 S., 339 s/w-Fotos, 91 Zeichnungen, kart. ●●●

Tennis kompakt
Der erfolgreiche Weg zu Spiel, Satz und Sieg. (5116) Von W. Taferner, 128 S., 82 s/w-Fotos, 67 Zeichnungen, kart. ●●

Tennis
Technik · Taktik · Regeln. (0375) Von H. Elschenbroich, 112 S., 81 Abb., kart. ●

Tischtennis-Technik
Der individuelle Weg zu erfolgreichem Spiel. (0775) Von M. Perger, 144 S., 296 Abb. kart. ●●

Squash
Ausrüstung · Technik · Regeln. (0539) Von D. von Horn und H.-D. Stünitz, 96 S., 55 s/w-Fotos, 25 Zeichnungen, kart. ●

Sporttauchen
Theorie und Praxis des Gerätetauchens. (0647) Von S. Müßig, 144 S., 8 Farbtafeln, 35 s/w-Fotos, 89 Zeichnungen, kart., ●●

Windsurfing
Lehrbuch für Grundschein und Praxis. (5028) Von C. Schmidt, 64 S., 60 Farbfotos, Pappband. ●●

Segeln
Der neue Grundschein – Vorstufe zum A-Schein – Mit Prüfungsfragen. (5147) Von C. Schmidt, 80 S., 8 Farbtafeln, 18 Farbfotos, 82 Zeichnungen, kart., ●●

Sportfischen
Fische – Geräte – Technik. (0324) Von H. Oppel, 144 S., 49 s/w-Fotos, 8 Farbtafeln, kart. ●

Falken-Handbuch
Angeln
in Binnengewässern und im Meer. (4090) Von H. Oppel, 344 S., 24 Farbtafeln, 66 s/w-Fotos, 151 Zeichnungen, gebunden. ●●●●

Angeln
Kleine Fibel für den Sportfischer. (0198) Von E. Bondick, 96 S., 116 Abb., kart. ●

Einführung in das Schachspiel
(0104) Von W. Wollenschläger und K. Colditz, 92 S., 116 Diagramme, kart. ●

Schach mit dem Computer
(0747) Von D. Frickenschmidt, 140 S., 112 Diagramme, 29 s/w-Fotos, 5 Zeichnungen, kart. ●

Spielend Schach lernen
(2002) Von T. Schuster, 128 S., kart. ●

Kinder- und Jugendschach
Offizielles Lehrbuch des Deutschen Schachbundes zur Erringung der Bauern-, Turm- und Königsdiplome. (0561) Von B. J. Withuis und H. Pfleger, 144 S., 220 Zeichnungen u. Diagramme, kart. ●●

Die hier vorgestellten Bücher, Videokassetten und Software sind in folgende Preisgruppen unterteilt:

● Preisgruppe bis DM 10,–/S 79,–
●● Preisgruppe über DM 10,– bis DM 20,– S 80,– bis S 160,–
●●● Preisgruppe über DM 20,– bis DM 30,– S 161,– bis S 240,–
●●●● Preisgruppe über DM 30,– bis DM 50,– S 241,– bis S 400,–
●●●●● Preisgruppe über DM 50,–/S 401,–
*(unverbindliche Preisempfehlung)

Verzeichnisses (s. Seite 1) – Änderungen, im besonderen der Preise, vorbehalten –

Neue Schacheröffnungen
(0478) Von T. Schuster, 108 S., 100 Diagramme, kart. ●

Schach für Fortgeschrittene
Taktik und Probleme des Schachspiels.
(0219) Von R. Teschner, 96 S., 85 Diagramme, kart. ●

Taktische Schachendspiele
(0752) Von J. Nunn, 200 S., 151 Diagramme, kart. ●●

Schach-WM '85 Karpow – Kasparow.
Mit ausführlichen Kommentaren zu allen Partien. (0785) Von H. Pfleger, O. Borik, M. Kipp-Thomas, 128 S., zahlreiche Abb. und Diagramme, kart. ●●

Die Schach-Revanche
Kasparow/Karpow 1986. (0831) Von O. Borik, H. Pfleger, M. Kipp-Thomas, 144 S., 19 s/w-Fotos, 72 Diagramme, kart. ●●

Schachstrategie
Ein Intensivkurs mit Übungen und ausführlichen Lösungen. (0584) Von A. Koblenz, dt. Bearb. von K. Colditz, 212 S., 240 Diagramme, kart. ●●

Falken-Handbuch Schach
(4051) Von T. Schuster, 360 S., über 340 Diagramme, kart. ●●●

Die besten Partien deutscher Schachgroßmeister
(4121) Von H. Pfleger, 192 S., 29 s/w-Fotos, 89 Diagramme, Pappband. ●●●

Turnier der Schachgroßmeister '83
Karpow · Hort · Browne · Miles · Chandler · Garcia · Rogers · Kindermann.
(0718) Von H. Pfleger, E. Kurz, 176 S., 29 s/w-Fotos, 71 Diagramme, kart. ●●

Lehr-, Übungs- und Testbuch der Schachkombinationen
(0649) Von K. Colditz, 184 S., 227 Diagramme, kart. ●●

Offizielles Lehrbuch des Deutschen Schachbundes

Das systematische Schachtraining
Trainingsmethoden, Strategien und Kombinationen. (0857) Von Sergiu Samarian, 152 S., 159 Diagramme, 1 Zeichnung, kart. ●●

So denkt ein Schachmeister
Strategische und taktische Analysen.
(0915) Von H. Pfleger, G. Treppner, 120 S., 75 Diagramme, kart. ●●

FALKEN-SOFTWARE
Das komplette Schachprogramm
Spielen, Trainieren, Problemlösen mit dem Computer. (7006) Von J. Egger, Diskette für C 64, C 128 PC, mit Begleitheft. ●●●●●*

Zug um Zug
Schach für jedermann 1
Offizielles Lehrbuch des Deutschen Schachbundes zur Erringung des Bauerndiploms.
(0648) Von H. Pfleger und E. Kurz, 80 S., 24 s/w-Fotos, 8 Zeichnungen, 60 Diagramme, kart. ●

Zug um Zug
Schach für jedermann 2
Offizielles Lehrbuch des Deutschen Schachbundes zur Erringung des Turmdiploms.
(0659) Von H. Pfleger und E. Kurz, 132 S., 8 s/w-Fotos, 14 Zeichnungen, 78 Diagramme, kart. ●●

Zug um Zug
Schach für jedermann 3
Offizielles Lehrbuch des Deutschen Schachbundes zur Erringung des Königdiploms.
(0728) Von H. Pfleger, G. Treppner, 128 S., 4 s/w-Fotos, 84 Diagramme, 10 Zeichnungen, kart. ●●

Schachtraining mit den Großmeistern
(0670) Von H. Bouwmeester, 128 S., 90 Diagramme, kart. ●●

Schach als Kampf
Meine Spiele und mein Weg. (0729) Von G. Kasparow, 144 S., 95 Diagramme, 9 s/w-Fotos, kart. ●●

Helmut Pflegers
Schachkabinett
Amüsante Aufgaben – überraschende Lösungen. (0877) Von H. Pfleger, 160 S., 118 Diagramme, kart. ●●

Spiele, Denksport, Unterhaltung

Kartenspiele
(2001) Von C. D. Grupp, 144 S., kart. ●

Neues Buch der siebzehn und vier Kartenspiele
(0095) Von K. Lichtwitz, 96 S., kart. ●

Alles über Pokern
Regeln und Tricks. (2024) Von C. D. Grupp, 112 S., 29 Kartenbilder, kart. ●

Rommé und Canasta
in allen Variationen. (2025) Von C. D. Grupp, 124 S., 24 Zeichnungen, kart., ●

Schafkopf, Doppelkopf, Binokel, Cego, Gaigel, Jaß, Tarock und andere „Lokalspiele".
(2015) Von C. D. Grupp, 152 S., kart. ●●

Spielend Skat lernen
unter freundlicher Mitarbeit des Deutschen Skatverbandes. (2005) Von Th. Krüger, 156 S., 181 s/w-Fotos, 22 Zeichnungen, kart.

Das Skatspiel
Eine Fibel für Anfänger. (0206) Von K. Lehnhoff, überarb. von P.A. Höfges, 96 S., kart. ●

Black Jack
Regeln und Strategien des Kasinospiels.
(2032) Von K. Kelbratowski, 88 S., kart. ●

Falken-Handbuch Patiencen
Die 111 interessantesten Auslagen. (4151) Von U. v. Lynckner, 216 S., 108 Abbildungen, Pappband. ●●●

Patiencen
in Wort und Bild. (2003) Von I. Wolter, 136 S., kart. ●

Neue Patiencen
(2036) Von H. Sosna, 160 S., 43 Farbtafeln, kart. ●●

Falken-Handbuch Bridge
Von den Grundregeln zum Turnierspiel.
(4092) Von W. Voigt und K. Ritz, 276 S., 792 Zeichnungen, gebunden. ●●●●

Spielend Bridge lernen
(2012) Von J. Weiss, 108 S., 58 Zeichnungen, kart. ●

Spieltechnik im Bridge
(2004) Von V. Mollo und N. Gardener, deutsche Adaption von D. Schröder, 216 S., kart. ●●

Besser Bridge spielen
Reiztechnik, Spielverlauf und Gegenspiel.
(2026) Von J. Weiss, 144 S., 60 Diagramme, kart. ●●

Herausforderung im Bridge
200 Aufgaben mit Lösungen. (2033) Von V. Mollo, 152 S., kart. ●●

Präzisions-Treff im Bridge
(2037) Von E. Jannersten, 152 S., kart. ●●

Kartentricks
(2010) Von T. A. Rosee, 80 S., 13 Zeichnungen, kart. ●

Mah-Jongg
Das chinesische Glücks-, Kombinations- und Gesellschaftsspiel. (2030) Von U. Eschenbach, 80 S., 30 s/w-Fotos, 5 Zeichnungen, kart. ●

Neue Kartentricks
(2027) Von K. Pankow, 104 S., 20 Abb., kart. ●

Backgammon
für Anfänger und Könner. (2008) Von G. W. Fink und G. Fuchs, 116 S., 41 Abb., kart. ●

Würfelspiele
für jung und alt. (2007) Von F. Pruss, 112 S., 21 s/w-Zeichnungen, kart. ●

Gesellschaftsspiele
für drinnen und draußen. (2006) Von H. Görz, 128 S., kart. ●

Spiele für Party und Familie
(2014) Von Rudi Carrell, 160 S., 50 Abb., kart. ●

Das japanische Brettspiel Go
(2020) Von W. Dörholt, 104 S., 182 Diagramme, kart. ●

Roulette richtig gespielt
Systemspiele, die Vermögen brachten.
(0121) Von M. Jung, 96 S., zahlreiche Tabellen, kart. ●

Spielend Roulette lernen
(2034) Von E. P. Caspar, 152 S., 1 s/w-Foto, 45 Zeichnungen, kart. ●●

Denksport und Schnickschnack
für Tüftler und fixe Köpfe. (0362) Von J. Barto, 100 S., 45 Abb., kart. ●

Rätselspiele, Quiz- und Scherzfragen
für gesellige Stunden. (0577) Von K.-H. Schneider, 168 S., über 100 Zeichnungen, Pappband. ●●

Knobeleien und Denksport
(2019) Von K. Rechberger, 142 S., 105 Zeichnungen, kart. ●

Das Geheimnis der magischen Ringe
Alles über das Puzzle vom Würfel-Erfinder. Die schönsten Figuren.
(0878) Von Dr. Ch. Bandelow, 96 S., 198 Zeichnungen, 8 Cartoons, kart. ●

Quiz
Mehr als 1500 ernste und heitere Fragen aus allen Gebieten. (0129) Von R. Sautter und W. Pröve, 92 S., 9 Zeichnungen, kart. ●

500 Rätsel selberraten
(0681) Von E. Krüger, 272 S., kart. ●

501 Rätsel selberraten
(0711) Von E. Krüger, 272 S., kart. ●

Riesen-Kreuzwort-Rätsel-Lexikon
über 250.000 Begriffe. (4197) Von H. Schiefelbein, 1024 S., Pappband. ●●●●

Das Super-Kreuzwort-Rätsel-Lexikon
Über 150.000 Begriffe. (4279) Von H. Schiefelbein, 688 S., Pappband. ●●●

Das große farbige Kinderlexikon
(4195) Von U. Kopp, 320 S., 493 Farbabb., 17 s/w-Fotos, Pappband. ●●●

Die hier vorgestellten Bücher, Videokassetten und Software sind in folgende Preisgruppen unterteilt:

● Preisgruppe bis DM 10,– /S 79,–
●● Preisgruppe über DM 10,– bis DM 20,– S 80,– bis S 160,–
●●● Preisgruppe über DM 20,– bis DM 30,– S 161,– bis S 240,–
●●●● Preisgruppe über DM 30,– bis DM 50,– S 241,– bis S 400,–
●●●●● Preisgruppe über DM 50,– /S 401,–
*(unverbindliche Preisempfehlung)

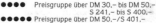

Die Preise entsprechen dem Status beim Druck dieses

Das große farbige
Bastelbuch für Kinder
(4254) Von U. Barff, I. Burkhardt, J. Maier, 224 S., 157 Farbfotos, 430 Farb- und 69 s/w-Zeichnungen, Pappband. ●●●

Punkt, Punkt, Komma, Strich
Zeichenstunden für Kinder. (0564) Von H. Witzig, 144 S., über 250 Zeichnungen, kart. ●

Einmal grad und einmal krumm
Zeichenstunden für Kinder. (0599) Von H. Witzig, 144 S., 363 Abb., kart. ●

Kinderspiele
die Spaß machen. (2009) Von H. Müller-Stein, 112 S., 28 Abb., kart. ●

Spiele für Kleinkinder
(2011) Von D. Kellermann, 80 S., 23 Abb., kart. ●

Spiel und Spaß am Krankenbett
für Kinder und die ganze Familie. (2035) Von H. Bücken, 104 S., 97 Zeichnungen, kart. ●

Kasperletheater
Spieltexte und Spielanleitungen · Basteltips für Theater und Puppen. (0641) Von U. Lietz, 136 S., 4 Farbtafeln, 12 s/w-Fotos, 39 Zeichnungen, kart. ●

Tri-tra-trullalla
Neue Texte mit Spielanleitungen fürs Kasperletheater. (0681) Von U. Lietz, 96 S., 18 s/w-Zeichnungen, kart. ●

Kindergeburtstag
Vorbereitung, Spiel und Spaß. (0287) Von Dr. I. Obrig, 104 S., 40 Abb., 11 Zeichnungen, 9 Lieder mit Noten, kart. ●

Kindergeburtstage die keiner vergißt
Planung, Gestaltung, Spielvorschläge. (0698) Von G. und G. Zimmermann, 102 S., 80 Vignetten, kart. ●

Kinderfeste
daheim und in Gruppen. (4033) Von G. Blechner, 240 S., 320 Abb., kart. ●●

Scherzfragen, Drudel und Blödeleien
gesammelt von Kindern. (0506) Hrsg. von W. Pröve, 112 S., 57 Zeichnungen, kart. ●

Komm mit ins Land der Lieder
Das große Buch der Kinder-, Volks- und Chorlieder, (4261) Von H. Rauhe, 176 S., 146 Farbzeichnungen, Pappband. ●●●

Die schönsten Wander- und Fahrtenlieder
(0462) Hrsg. von F. R. Miller, empfohlen vom Deutschen Sängerbund, 80 S., mit Noten und Zeichnungen, kart. ●

Die schönsten Volkslieder
(0432) Hrsg. von D. Walther, 128 S., mit Noten und Zeichnungen, kart. ●

Neue Spiele für Ihre Party
(2022) Von G. Blechner, 120 S., 54 Zeichnungen, kart. ●

Lustige Tanzspiele und Scherztänze
für Parties und Feste. (0165) Von E. Bäulke, 80 S., 53 Abb., kart. ●

Straßenfeste, Flohmärkte und Basare
Praktische Tips für Organisation und Durchführung. (0592) Von H. Schuster, 96 S., 52 Fotos, 17 Zeichnungen, kart. ●●

Humor

Heitere Vorträge und witzige Reden
Lachen, Witz und gute Laune. (0149) Von E. Müller, 104 S., 44 Abb., kart. ●

Tolle Sketche
mit zündenden Pointen – zum Nachspielen. (0656) Von E. Cohrs, 112 S., kart. ●

Vergnügliche Sketche
(0476) Von H. Pillau, 96 S., mit 7 Zeichnungen, kart. ●

Heitere Vorträge
(0528) Von E. Müller, 128 S., 14 Zeichnungen, kart. ●

Die große Lachparade
Neue Texte mit heiterer Vorträge und Ansagen. (0188) Von E. Müller, 80 S., 15 Abb., kart. ●

So feiert man Feste fröhlicher
Heitere Vorträge und Gedichte. (0098) Von Dr. Allos, 96 S., 15 Abb., kart. ●

Lustige Vorträge für fröhliche Feiern
(0284) Von K. Lehnhoff, 96 S., kart. ●

Vergnügliches Vortragsbuch
(0091) Von J. Plaut, 192 S., kart. ●

Locker vom Hocker
Witzige Sketche zum Nachspielen. (4262) Von W. Giller, 144 S., 41 Zeichnungen, Pappband. ●●

Fidele Sketche und heitere Vorträge
Humor zum Nachspielen. (0157) Von H. Ehnle. 96 S., kart. ●

Vorhang auf!
Neue Sketche für jung und alt. (0898) Von H. Pillau, 96 S., 22 Zeichnungen, kart. ●

Sketche und spielbare Witze
für bunte Abende und andere Feste. (0445) Von H. Friedrich, 120 S., 7 Zeichnungen, kart. ●

Sketche
Kurzspiele zu amüsanter Unterhaltung. (0247) Von M. Gering, 132 S., 16 Abb., kart. ●

Witzige Sketche zum Nachspielen
(0511) Von D. Hallervorden, 160 S., kart. ●●

Gereimte Vorträge
für Bühne und Bütt. (0567) Von G. Wagner, 96 S., kart. ●

Damen in der Bütt
Scherze, Büttenreden, Sketsche. (0354) Von T. Müller, 136 S., kart. ●

Narren in der Bütt
Leckerbissen aus dem rheinischen Karneval. (0216) Zusammengestellt von T. Lücker, 112 S., kart. ●

Rings um den Karneval
Karnevalsscherze und Büttenreden. (0130) Von Dr. Allos, 144 S., 2 Zeichnungen, kart. ●

Helau und Alaaf 1
Närrisches aus der Bütt. (0304) Von E. Müller, 112 S., 4 Zeichnungen, kart. ●

Helau und Alaaf 2
Neue Büttenreden. (0477) Von E. Luft, 104 S., kart. ●

Helau und Alaaf 3
Neue Reden für die Bütt. (0832) Von H. Fauser, 144 S., 13 Zeichnungen, kart. ●

Wir feiern Karneval
Festgestaltung und Reden für die närrische Zeit. (0904) Von M. Zweigler, 120 S., 4 Zeichnungen, kart. ●

Humor und Stimmung
Ein heiteres Vortragsbuch. (0460) Von G. Wagner, 112 S., kart. ●

Humor und gute Laune
Ein heiteres Vortragsbuch. (0635) Von G. Wagner, 112 S., 5 Zeichnungen, kart. ●

Das große Buch der Witze
(0384) Von E. Holz, 320 S., 36 Zeichnungen, Pappband. ●●

Da lacht das Publikum
Neue lustige Vorträge für viele Gelegenheiten. (0716) Von H. Schmalenbach, 104 S., kart. ●

Witzig, witzig
(0507) Von E. Müller, 128 S., 16 Zeichnungen, kart. ●

Die besten Witze und Cartoons des Jahres 1
(0454) Hrsg. von K. Hartmann, 288 S., 125 Zeichnungen, geb. ●

Die besten Witze und Cartoons des Jahres 2
(0488) Hrsg. von K. Hartmann, 288 S., 148 Zeichnungen, geb. ●

Die besten Witze und Cartoons des Jahres 4
(0579) Hrsg. von K. Hartmann, 288 S., 140 Zeichnungen, Pappband. ●●

Die besten Witze und Cartoons des Jahres 5
(0642) Hrsg. von K. Hartmann, 288 S., 88 Zeichnungen, Pappband. ●●

Das Superbuch der Witze
(4146) Von B. Bornheim, 504 S., 54 Cartoons, Pappband. ●●

Witze
Lachen am laufenden Band (4241) Von J. Burkert, D. Kroppach, 400 S., 41 Zeichnungen, Pappband. ●●

Heller Wahnwitz
(0887) Von D. Kroppach, 220 S., 200 Vignetten, kart. ●

Spaßvögel
Über sexhundert komische Nummern. (0888) Von E. Zeller, mit Limericks von W. Müller, 220 S., 200 Vignetten, kart. ●

Total bescheuert
Kinder- und Schülerwitze. (0889) Von G. Geßner und E. Zeller, 220 S., 200 Vignetten, kart. ●

Die besten Beamtenwitze
(0574) Hrsg. von W. Pröve, 112 S., 59 Cartoons, kart. ●

Die besten Kalauer
(0705) Von K. Frank, 112 S., 12 Zeichnungen, kart., ●

Robert Lembkes Witzauslese
(0325) Von Robert Lembke, 160 S., 10 Zeichnungen von E. Köhler, Pappband. ●●

Fred Metzlers Witze mit Pfiff
(0368) Von F. Metzler, 112 S., kart. ●

O frivol ist mir am Abend
Pikante Witze von Fred Metzler. (0388) Von F. Metzler, 128 S., mit Karikaturen, kart. ●

Herrenwitze
(0589) Von G. Wilhelm, 112 S., 31 Zeichnungen, kart. ●

Witze am laufenden Band
(0461) Von F. Asmussen, 118 S., kart. ●

Horror zum Totlachen
Gruselwitze
(0536) Von F. Lautenschläger, 96 S., 44 Zeichnungen, kart. ●

Die besten Ostfriesenwitze
(0495) Hrsg. von O. Freese, 112 S., 17 Zeichnungen, kart. ●

Die hier vorgestellten Bücher, Videokassetten und Software sind in folgende Preisgruppen unterteilt:

● Preisgruppe bis DM 10,–/S 79,–
●● Preisgruppe über DM 10,– bis DM 20,– S 80,– bis S 160,–
●●● Preisgruppe über DM 20,– bis DM 30,– S 161,– bis S 240,–
●●●● Preisgruppe über DM 30,– bis DM 50,– S 241,– bis S 400,–
●●●●● Preisgruppe über DM 50,–/S 401,–
*(unverbindliche Preisempfehlung)

Verzeichnisses (s. Seite 1) – Änderungen,

im besonderen der Preise, vorbehalten –

Die Kleidermotte ernährt sich von nichts, sie frißt nur Löcher
Stilblüten, Sprüche und Widersprüche aus Schule, Zeitung, Rundfunk und Fernsehen. (0738) Von P. Haas, D. Kroppach, 112 S., zahlr. Abb., kart. ●

Olympische Witze
Sportlerwitze in Wort und Bild.
(0505) Von W. Willnat, 112 S., 126 Zeichnungen, kart. ●

Ich lach mich kaputt! Die besten Kinderwitze
(0545) Von E. Hannemann, 128 S., 15 Zeichnungen, kart. ●

Lach mit!
Witze für Kinder, gesammelt von Kindern. (0468) Hrsg. von W. Pröve, 128 S., 17 Zeichnungen, kart. ●

Die besten Kinderwitze
(0757) Von K. Rank, 120 S., 28 Zeichnungen, kart. ●

Lustige Sketche für Jungen und Mädchen
Kurze Theaterstücke für Jungen und Mädchen. (0669) Von U. Lietz und U. Lange, 104 S., kart. ●

Spielbare Witze für Kinder
(0824) Von H. Schmalenbach, 128 S., 30 Zeichnungen, kart. ●

Natur

Falken-Handbuch Umweltschutz
Das Öko-Testbuch zur Eigeninitiative. (4160) Von M. Häfner, 352 S., 411 Farbf., 152 Farbzeichnungen, Pappband. ●●●●

Pilze
erkennen und benennen. (0380) Von J. Raithelhuber, 136 S., 110 Farbfotos, kart. ●●

Falken-Handbuch Pilze
Mit über 250 Farbfotos und Rezepten. (4061) Von M. Knoop, 276 S., 250 Farbfotos, Pappband. ●●●●

Garten heute
Der moderne Ratgeber · Über 1000 Farbbilder. (4283) Von H. Jantra, 384 S., über 1000 Farbabbildungen, Pappband. ●●●●

Das Gartenjahr
Arbeitsplan für den Hobbygärtner. (4075) Von G. Bambach, 152 S., 16 Farbtafeln, 141 Abb., kart. ●●

Gartenteiche und Wasserspiele
planen, anlegen und pflegen. (4083) Von H. R. Sikora, 160 S., 31 Farb- und 31 s/w-Fotos, 73 Zeichnungen, Pappband. ●●

Wasser im Garten
Von der Vogeltränke zum Naturteich – Natürliche Lebensräume selbst gestalten. (4230) Von H. Hendel, P. Keßeler, 240 S., 247 Farbfotos, 62 Farbzeichnungen, ●●●

Mein kleiner Gartenteich
planen – anlegen – pflegen
(0851) Von I. Polaschek, 144 S., 85 Farbfotos, 10 Farbzeichnungen, kart. ●●

Gärtnern
(5004) Von I. Manz, 64 S., 38 Farbfotos, Pappband. ●●

Gärtner Gustavs Gartenkalender
Arbeitspläne · Pflanzenporträts · Gartenlexikon. (4155) Von G. Schoser, 120 S., 146 Farbfotos, 13 Tabellen, 203 farbige Zeichnungen, Pappband. ●●●

Ziersträucher und -bäume im Garten
(5071) Von I. Manz, 64 S., 91 Farbfotos, Pappband. ●●

Das Blumenjahr
Arbeitsplan für drinnen und draußen. (4142) Von G. Vocke, 136 S., 15 Farbtafeln, kart. ●●

Der richtige Schnitt von Obst- und Ziergehölzen, Rosen und Hecken
(0619) Von E. Zettl, 88 S., 8 Farbtafeln, 39 Zeichnungen, 21 s/w-Fotos, kart. ●

Blumenpracht im Garten
(5014) Von I. Manz, 64 S., 93 Farbfotos, Pappband. ●●

Blütenpracht in Haus und Garten
(4145) Von M. Haberer, u. a., 352 S., 1012 Farbfotos, Pappband. ●●●●

Sag's mit Blumen
Pflege und Arrangieren von Schnittblumen. (5103) Von P. Möhring, 64 S., 68 Farbfotos, 2 s/w-Abb., Pappband. ●●

Grabgestaltung
Bepflanzung und Pflege zu jeder Jahreszeit. (5120) Von N. Uhl, 64 S., 77 Farbfotos, 2 Zeichnungen, Pappband. ●●

Wintergärten
Das Erlebnis, mit der Natur zu wohnen. Planen, Bauen und Gestalten. (4256) Von LOG. ID, 136 S., 130 Farbfotos, 107 Zeichnungen, Pappband. ●●●

Häuser in lebendigem Grün
Fassaden und Dächer mit Pflanzen gestalten. (0846) Von U. Mehl, K. Werk, 88 S., 116 Farbfotos, 4 Farb- und 17 s/w-Zeichnungen, kart. ●●

Leben im Naturgarten
Der Biogärtner und seine gesunde Umwelt. (4124) Von N. Jorek, 128 S., 68 s/w-Fotos, kart. ●●

So wird mein Garten zum Biogarten
Alles über die Umstellung auf naturgemäßen Anbau. (0706) Von I. Gabriel, 128 S., 73 Farbfotos, 54 Farbzeichnungen, kart. ●●

Gesunde Pflanzen im Biogarten
Biologische Maßnahmen bei Schädlingsbefall und Pflanzenkrankheiten. (0707) Von I. Gabriel, 128 S., 126 Farbfotos, 12 Farbzeichnungen, kart. ●●

Kosmische Einflüsse auf unsere Gartenpflanzen
Sterne beeinflussen Wachstum und Gesundheit der Pflanzen
(0708) Von I. Gabriel, 112 S., 57 Farbfotos, 43 Farbzeichnungen, kart. ●●

Der Biogarten unter Glas und Folie
Ganzjährig erfolgreich ernten. (0722) Von I. Gabriel, 128 S., 62 Farbfotos, 45 Farbzeichnungen, kart. ●●

Obst und Beeren im Biogarten
Gesunde und schmackhafte Früchte durch natürlichen Anbau. (0780) Von I. Gabriel, 128 S., 38 Farbfotos, 71 Farbzeichnungen, kart. ●●

Neuanlage eines Biogartens
Planung, Bodenvorbereitung, Gestaltung. (0721) Von I. Gabriel, 128 S., 73 Farbfotos, 39 Farbzeichnungen, kart. ●●

Der biologische Zier- und Wohngarten
Planen, Vorbereiten, Bepflanzen und Pflegen. (0748) Von I. Gabriel, 128 S., 72 Farbfotos, 46 Farbzeichnungen, kart. ●●

Gemüse im Biogarten
Gesunde Ernte durch naturgemäßen Anbau (0830) Von I. Gabriel, 128 S., 26 Farbfotos, 86 Farbzeichnungen, kart. ●●

Erfolgreich gärtnern
durch naturgemäßen Anbau
(4252) Von I. Gabriel, 416 S., 176 Farbfotos, 212 Farbzeichnungen, Pappband. ●●●

Das Bio-Gartenjahr
Arbeitsplan für naturgemäßes Gärtnern. (4169) Von N. Jorek, 128 S., 8 Farbtafeln, 70 s/w-Abb. kart. ●●

Selbstversorgung aus dem eigenen Anbau
Reichen Erntesegen verwerten und haltbar machen. (4182) Von M. Bustorf-Hirsch, M. Hirsch, 216 S., 270 Farbzeichnungen, Pappband. ●●●

Mischkultur im Nutzgarten
Mit Jahreskalender und Anbauplänen. (0651) Von H. Oppel, 112 S., 8 Farbtafeln, 23 s/w-Fotos, 29 Zeichnungen, kart. ●

Erfolgreich gärtnern mit Frühbeet und Folie
(0828) Von Dr. Gustav Schoser, 88 S., 8 Farbtafeln, 46 s/w-Fotos, kart. ●

Erfolgstips für den Gemüsegarten
Mit naturgemäßem Anbau zu höherem Ertrag. (0674) Von F. Mühl, 80 S., 30 s/w-Fotos, 4 Zeichnungen, kart. ●

Erfolgstips für den Obstgarten
Gesunde Früchte durch richtige Sortenwahl und Pflege. (0827) Von F. Mühl, 184 S., 16 Farbtafeln, 33 Zeichnungen, kart. ●●

Gemüse, Kräuter, Obst aus dem Balkongarten
– Erfolgreich ernten auf kleinstem Raum. (0694) Von N. Stein, 32 S., 34 Farbfotos, 6 Zeichnungen, Spiralbindung, kart. ●

Keime, Sprossen, Küchenkräuter
am Fenster ziehen – rund ums Jahr. (0658) Von F. und H. Jantzen, 32 S., 55 Farbfotos, Pappband. ●

Balkons in Blütenpracht
zu allen Jahreszeiten.
(5047) Von N. Uhl, 64 S., 80 Farbfotos, Pappband. ●●

Kübelpflanzen
für Balkon, Terrasse und Dachgarten. (5132) Von M. Haberer, 64 S., 70 Farbfotos, Pappband. ●●

Kletterpflanzen
Rankende Begrünung für Fassade, Balkon und Garten. (5140) Von M. Haberer, 64 S., 70 Farbabb., 2 Zeichnungen, Pappband. ●●

Mein Kräutergarten rund ums Jahr
Täglich schnittfrisch und gesund würzen. (4192) Von Prof. Dr. G. Lysek, 136 S., 15 Farbtafeln, 91 Zeichnungen, kart. ●●

Blühende Balkonpflanzen
94 Arten mit Pflegeanleitungen. (5010) Von R. Blaich, 64 S., 107 Farbfotos, Pappband. ●●

Prof. Stelzers grüne Sprechstunde Gesunde Zimmerpflanzen
Krankheiten erkennen und behandeln · Mit neuem Diagnosesystem. (4274) Von Prof. Dr. G. Stelzer, 192 S., 410 Farbfotos, 10 s/w-Zeichnungen, Pappband. ●●●

365 Erfolgstips für schöne Zimmerpflanzen
(0893) Von H. Jantra, 144 S., 215 Farbfotos, kart. ●●

Die hier vorgestellten Bücher, Videokassetten und Software sind in folgende Preisgruppen unterteilt:

● Preisgruppe bis DM 10,–/S 79,–
●● Preisgruppe über DM 10,– bis DM 20,–/S 80,– bis S 160,–
●●● Preisgruppe über DM 20,– bis DM 30,–/S 161,– bis S 240,–
●●●● Preisgruppe über DM 30,– bis DM 50,–/S 241,– bis S 400,–
●●●●● Preisgruppe über DM 50,–/S 401,–
*(unverbindliche Preisempfehlung)

Die Preise entsprechen dem Status beim Druck dieses

Videokassette
Pflanzenjournal
Blumen- und Pflanzenpflege im Jahreslauf. (6036/VHS) ca. 30 Min., in Farbe. ●●●●*

Blütenpracht in Grolit 2000
Der neue, mühelose Weg zur farbenprächtigen Zimmerpflanzen. (5127) Von G. Vocke, 64 S., 50 Farbfotos, Pappband. ●●

Ziergräser
Über 100 Arten erfolgreich kultivieren. (0829) Von H. Jantra, 104 S., 73 Farbfotos, 6 Farbzeichnungen, kart. ●●

Bonsai
Japanische Miniaturbäume und Miniaturlandschaften. Anzucht, Gestaltung und Pflege. (4091) Von B. Lesniewicz, 160 S., 106 Farbfotos, 46 s/w-Fotos, 115 Zeichnungen, gebunden. ●●●●●

Zimmerbäume, Palmen und andere Blattpflanzen
Standort, Pflege, Vermehrung, Schädlinge. (5111) Von G. Schoser, 96 S., 98 Farbfotos, 7 Zeichnungen, Pappband. ●●

Biologisch zimmergärtnern
Zier- und Nutzpflanzen natürlich pflegen. (4144) Von N. Jorek, 152 S., 15 Farbtafeln, 120 s/w-Fotos, Pappband. ●●

Zimmerpflanzen in Hydrokultur
Leitfaden für problemlose Blumenpflege. (0660) Von H.-A. Rotter, 32 S., 76 Farbfotos, 8 farbige Zeichnungen, Pappband. ●

Sukkulenten
Mittagsblumen, Lebende Steine, Wolfsmilchgewächse u. a. (5070) Von W. Hoffmann, 64 S., 82 Farbfotos, Pappband. ●●

Kakteen und andere Sukkulenten
300 Arten mit über 500 Farbfotos. (4116) Von G. Andersohn, 316 S., 520 Farbfotos, 193 Zeichnungen, Pappband. ●●●●

Fibel für Kakteenfreunde
(0199) Von H. Herold, 102 S., 23 Farbfotos, 37 s/w-Abb., kart. ●

Kakteen
Herkunft, Anzucht, Pflege, Arten. (5021) Von W. Hoffmann, 64 S., 70 Farbfotos, Pappband. ●●

Faszinierende Formen und Farben
Kakteen
(4211) Von K. und F. Schild, 96 S., 127 Farbfotos, Pappband. ●●●

Falken-Handbuch Orchideen
Lebensraum, Kultur, Anzucht und Pflege. (4231) Von G. Schoser, 144 S., 121 Farbfotos, 28 Farbzeichnungen, Pappband. ●●●

Falken-Handbuch Katzen
(4158) Von B. Gerber, 176 S., 294 Farb- und 88 s/w-Fotos, Pappband. ●●●●

DIE TIERSPRECHSTUNDE
Junge Katzen
(0862) Von Dr. med. vet. E. M. Bartenschlager, 72 S., 40 Farbfotos, 4 Farbzeichnungen, kart. ●

Katzen
Rassen · Haltung · Pflege. (4216) Von B. Eilert-Overbeck, 96 S., 82 Farbfotos, Pappband. ●●●

Das neue Katzenbuch
Rassen – Aufzucht – Pflege. (0427) Von B. Eilert-Overbeck, 136 S., 104 Farbfotos, 26 s/w-Fotos, kart. ●

Katzenkrankheiten
Erkennung und Behandlung. Steuerung des Sexualverhaltens. (0652) Von Dr. med. vet. R. Spangenberg, 176 S., 64 s/w-Fotos, 4 Zeichnungen, kart. ●

Falken-Handbuch Hunde
(4118) Von H. Bielfeld, 176 S., 222 Farb- und 73 s/w-Abb., Pappband. ●●●●

Hunde
Rassen · Erziehung · Haltung. (4209) Von H. Bielfeld, 96 S., 101 Farbfotos, Pappband. ●

Das neue Hundebuch
Rassen · Aufzucht · Pflege. (0009) Von W. Busack, überarbeitet von Dr. med. vet. A. H. Hacker und H. Bielfeld, 112 S., 8 Farbtafeln, 27 s/w-Fotos, 6 Zeichnungen, kart. ●

Falken-Handbuch
Der Deutsche Schäferhund
(4077) Von U. Förster, 228 S., 160 Abb., Pappband. ●●●

Der Deutsche Schäferhund
Aufzucht, Pflege und Ausbildung. (0073) Von A. Hacker, 104 S., 56 Abb., kart. ●

Dackel, Teckel, Dachshund
Aufzucht · Pflege · Ausbildung. (0508) Von M. Wen-Gysae, 112 S., 4 Farbtafeln, 43 s/w-Fotos, 2 Zeichnungen, kart. ●

Hundeausbildung
Verhalten – Gehorsam – Abrichtung. (0346) Von Prof. Dr. R. Menzel, 96 S., 18 Fotos, kart. ●

Grundausbildung für Gebrauchshunde
Schäferhund, Boxer, Rottweiler, Dobermann, Riesenschnauzer, Airedaleterrier, Hovawart und Bouvier. (0801) Von M. Schmidt und W. Koch, 104 S., 8 Farbtafeln, 51 s/w-Fotos, 5 s/w-Zeichnungen, kart. ●

Hundekrankheiten
Erkennung und Behandlung. Steuerung des Sexualverhaltens. (0570) Von Dr. med. vet. R. Spangenberg, 128 S., 68 s/w-Fotos, 10 Zeichnungen, kart. ●

Falken-Handbuch Pferde
(4186) Von H. Werner, 176 S., 196 Farb- und 50 s/w-Fotos, 100 Zeichnungen, Pappband. ●●●●

Wellensittiche
Arten · Haltung · Pflege · Sprechunterricht · Zucht. (5136) Von H. Bielfeld, 64 S., 59 Farbfotos, Pappband. ●●

Papageien und Sittiche
Arten · Pflege · Sprechunterricht. (0591) Von H. Bielfeld, 112 S., 8 Farbtafeln, kart. ●

DIE TIERSPRECHSTUNDE
Sittiche und kleine Papageien
(0864) Von Dr. med. vet. E. M. Bartenschlager, 88 S., 84 Farbfotos, 9 Zeichnungen, kart. ●

Geflügelhaltung als Hobby
(0749) Von M. Baumeister, H. Meyer, 184 S., 8 Farbtafeln, 47 s/w-Fotos, 15 Zeichnungen, kart. ●●

DIE TIERSPRECHSTUNDE
Alles über den Igel in Natur und Garten
(0810) Von Dr. med. vet. E. M. Bartenschlager, 68 S., 51 Farbfotos, 4 Zeichnungen, kart. ●

DIE TIERSPRECHSTUNDE
Alles über Meerschweinchen
(0809) Von Dr. med. vet. E. M. Bartenschlager, 72 S., 43 Farbfotos, 11 Farbzeichnungen, kart. ●

DIE TIERSPRECHSTUNDE
Tiere im Wassergarten
(0808) Von Dr. med. vet. E. M. Bartenschlager, 96 S., 84 Farbfotos, 7 Zeichnungen, kart. ●

Das Süßwasser-Aquarium
Einrichtung · Pflege · Fische · Pflanzen. (0153) Von H. J. Mayland, 152 S., 16 Farbtafeln, 43 s/w-Zeichnungen, kart. ●●

Falken-Handbuch
Süßwasser-Aquarium
(4191) Von H. J. Mayland, 288 S., 564 Farbfotos, 75 Zeichnungen, Pappband. ●●●●

Cichliden
Pflege, Herkunft und Nachzucht der wichtigsten Buntbarscharten. (5144) Von Jo in't Veen, 96 S., 163 Farbfotos, Pappband. ●●

Gesundheit

Die Frau als Hausärztin
Der unentbehrliche Ratgeber für die Gesundheit. (4072) Von Dr. med. A. Fischer-Dückelmann, 808 S., 14 Farbtafeln, 146 s/w-Fotos, 203 Zeichnungen, Pappband. ●●●

Dr. Reitners großes Gesundheitslexikon
Mit über 5000 Stichwörtern. (4282) Von Dr. med. H.-J. Lewitzka-Reitner, in Zusammenarbeit mit P. Janknecht und U. Kannapinn, 504 S., 424 s/w-Abbildungen, Pappband. ●

Heiltees und Kräuter für die Gesundheit
(4123) Von G. Leibold, 136 S., 15 Farbtafeln, 16 Zeichnungen, kart. ●●

Falken-Handbuch Heilkräuter
Modernes Lexikon der Pflanzen und Anwendungen (4076) Von G. Leibold, 392 S., 183 Farbfotos, 22 Zeichnungen, geb. ●●●●

Die farbige Kräuterfibel
Heil- und Gewürzpflanzen. (0245) Von I. Gabriel, 196 S., 49 farbige und 97 s/w-Abb., kart. ●●

Falken-Handbuch Bio-Medizin
Alles über die moderne Naturheilpraxis. (4136) Von G. Leibold, 552 S., 38 Farbfotos, 232 s/w-Abb., Pappband. ●●●●

Enzyme
Vitalstoffe für die Gesundheit. (0677) Von G. Leibold, 96 S., kart. ●

Heilfasten
(0713) Von G. Leibold, 108 S., kart. ●

Besser leben durch Fasten
(0841) Von G. Leibold, 100 S., kart. ●

Kneippkuren zu Hause
(0779) Von G. Leibold, 112 S., 25 Zeichnungen, kart. ●

Krebsangst und Krebs behandeln
Mit einem Vorwort von Prof. Dr. med. Friedrich Douwes. (0839) Von G. Leibold, 104 S., kart. ●

Allergien behandeln und lindern
Mit einem Vorwort von Prof. Dr. med. Axel Stemmann. (0840) Von G. Leibold, 104 S., 4 Zeichnungen, kart. ●

Die hier vorgestellten Bücher, Videokassetten und Software sind in folgende Preisgruppen unterteilt:

● Preisgruppe bis DM 10,–/S 79,–
●● Preisgruppe über DM 10,– bis DM 20,– / S 80,– bis S 160,–
●●● Preisgruppe über DM 20,– bis DM 30,– / S 161,– bis S 240,–
●●●● Preisgruppe über DM 30,– bis DM 50,– / S 241,– bis S 400,–
●●●●● Preisgruppe über DM 50,–/S 401,–
*(unverbindliche Preisempfehlung)

Verzeichnisses (s. Seite 1) – Änderungen, im besonderen der Preise, vorbehalten –

Rheuma behandeln und lindern
Mit einem Vorwort von
Dr. med. Max-Otto-Bruker
(0836) Von G. Leibold, 104 S., kart. ●

Die echte Schroth-Kur
(0797) Von Dr. med. R. Schroth, 88 S.,
2 s/w-Fotos, kart. ●

Streß bewältigen durch Entspannung
(0834) Von Dr. med. Chr. Schenk, 88 S.,
29 Zeichnungen, kart. ●

Gesundheit und Spannkraft durch Yoga
(0321) Von L. Frank und U. Ebbers, 112 S.,
50 s/w-Fotos, kart. ●

Yoga für jeden
(0341) Von K. Zebroff, 156 S., 135 Abb.,
Spiralbindung, ●●●

Yoga für Schwangere
Der Weg zur sanften Geburt. (0777) Von
V. Bolesta-Hahn, 108 S., 76 zweifarbige Abb.
kart. ●●

Yoga gegen Haltungsschäden und Rückenschmerzen
(0394) Von A. Raab, 104 S., 215 Abb., kart. ●

Hypnose und Autosuggestion
Methoden – Heilwirkungen – praktische
Beispiele. (0483) Von G. Leibold, 120 S.,
9 Illustrationen, kart. ●

Gesund durch Gedankenenergie
Heilung im gemeinsamen Kraftfeld
(6035) Nur VHS, 45 Min., in Farbe ●●●●●*

Autogenes Training
Anwendung · Heilwirkungen · Methoden.
(0541) Von R. Faller, 128 S., 3 Zeichnungen,
kart. ●

Die fernöstliche Fingerdrucktherapie Shiatsu
Anleitungen zur Selbsthilfe – Heilwirkungen.
(0615) Von G. Leibold, 196 S., 180 Abb., kart. ●

Eigenbehandlung durch Akupressur
Heilwirkungen – Energielehre – Meridiane.
(0417) Von G. Leibold, 152 S., 78 Abb., kart. ●

Chinesische Naturheilverfahren
Selbstbehandlung mit bewährten Methoden
der physikalischen Therapie. Atemtherapie ·
Heilgymnastik · Selbstmassage · Vorbeugen ·
Behandeln · Entspannen. (4247) Von F. Tjoeng
Lie, 160 S., 292 zweifarbige Zeichnungen,
Pappband. ●●●

Chinesisches Schattenboxen Tai-Ji-Quan
für geistige und körperliche Harmonie
(0850) Von F. T. Lie, 120 S., 221 s/w-Fotos,
9 s/w-Zeichnungen, Beilage: 1 s/w-Poster
mit zweifarbigen Abbildungen, kart. ●●

Fit mit Tai Chi
als sanfte Körpererfahrung.
(2305) Von B. u. K. Moegling, 112 S.,
121 Farbfotos, 6 Farb- u. 4 s/w-Zeichnungen,
kart. ●●

Bauch, Taille und Hüfte gezielt formen durch Aktiv-Yoga
(0709) Von K. Zebroff, 112 S., 102 Farbfotos,
kart. ●●

10 Minuten täglich Tele-Gymnastik
(5102) Von B. Manz und K. Biermann, 128 S.,
381 Abb., kart. ●●

Gesund und fit durch Gymnastik
(0366) Von H. Pilss-Samek, 132 S., 150 Abb.,
kart. ●

Stretching
Mit Dehnungsgymnastik zu Entspannung,
Geschmeidigkeit und Wohlbefinden. (0717)
Von H. Schulz, 80 S., 90 s/w-Fotos, kart. ●

Fit mit Stretching
(2304) Von B. Kurz, 96 S., 255 Farbfotos,
kart. ●●

Gesund und leistungsfähig durch
Konditionsübungen, Fitneßtraining, Wirbelsäulengymnastik
(0844) Von R. Milser, K. Grafe, 104 S.,
99 Farbfotos, 12 Farbzeichnungen, 5 s/w-Zeichnungen kart. ●●

Gesundheit durch altbewährte Kräuterrezepte und Hausmittel aus der
Natur-Apotheke
(4156) Von G. Leibold, 236 S., 8 Farbtafeln,
100 Zeichnungen, kart. ●●

Diät bei Krankheiten des Magens und Zwölffingerdarms
Rezeptteil von B. Zöllner. (3201) Von Prof. Dr.
med. H. Kaess, 96 S., 4 Farbtafeln, kart. ●●

Diät bei Herzkrankheiten und Bluthochdruck
Salzarme (natriumarme) Kost. Rezeptteil von
B. Zöllner. (3202) Von Prof. Dr. med.
H. Rottka, 92 S., 4 Farbtafeln, kart. ●●

Diät bei Erkrankungen der Nieren, Harnwege und bei Dialysebehandlung
Völlig überarbeitete Neuauflage,
durchgehend farbig bebildert.
Rezeptteil von B. Zöllner. (3203) Von Prof.
Dr. med. Dr. h. c. H. J. Sarre und Prof. Dr.
med. R. Kluthe, 96 S., 33 Farbfotos, 1 s/w-Zeichnung, kart. ●●

Richtige Ernährung wenn man älter wird
Völlig überarbeitete Neuauflage,
durchgehend farbig bebildert.
Rezeptteil von B. Zöllner. (3204) Von Prof.
Dr. med. H.-J. Pusch, Prof. Dr. N. Zöllner und
Prof. Dr. G. Wolfram. 96 S., 36 Farbfotos und
3 s/w-Zeichnungen, kart. ●●

Diät bei Gicht und Harnsäuresteinen
Rezeptteil von B. Zöllner. (3205) Von Prof.
Dr. med. N. Zöllner, 80 S., 4 Farbtafeln, kart. ●●

Diät bei Zuckerkrankheit
Rezeptteil von B. Zöllner. (3206) Von Prof.
Dr. P. Dieterle, 80 S., 4 Farbtafeln, kart. ●●

Diät bei Krankheiten der Gallenblase, Leber und Bauchspeicheldrüse
Rezeptteil von B. Zöllner. (3207) Von Prof.
Dr. med. H. Kasper, 88 S., 4 Farbtafeln, kart. ●●

Diät bei Störungen des Fettstoffwechsels und zur Vorbeugung der Arteriosklerose
Rezeptteil von B. Zöllner. (3208) Von Prof.
Dr. med. G. Wolfram und Dr. med. O. Adam,
104 S., 4 Farbtafeln, kart. ●●

Diät bei Übergewicht
Völlig überarbeitete Neuauflage,
durchgehend farbig bebildert.
Rezeptteil von B. Zöllner. (3209) Von Prof.
Dr. med. Ch. Keller, 104 S., 38 Farbfotos,
kart. ●●

Diät bei Darmkrankheiten
Durchfall – Divertikulose, Reizdarm und
Darmträgheit – einheimische Sprue (Zöliakie)
– Disaccharidasemangel – Dünndarmresektion – Dumping Syndrom. Rezeptteil von
B. Zöllner. (3211) Von Prof. Dr. med. G. Strohmeyer, 88 S., 4 Farbtafeln, kart. ●●

Ballaststoffreiche Kost bei Funktionsstörungen des Darms
Rezeptteil von B. Zöllner. (3212) Von Prof. Dr.
med. H. Kasper, 96 S., 34 Farbfotos, 1 s/w-Foto, kart. ●●

Bildatlas des menschlichen Körpers
(4177) Von G. Pogliani, V. Vannini, 112 S.,
402 Farbabb., 28 s/w-Fotos, Pappband,
●●●

Fußmassage
Reflexzonentherapie am Fuß (0714) Von G.
Leibold, 96 S., 38 Zeichnungen, kart. ●

Rheuma und Gicht
Krankheitsbilder, Behandlung, Therapieverfahren, Selbstbehandlung, richtige Lebensführung und Ernährung. (0712) Von Dr.
J. Höder, J. Bandick, 104 S., kart. ●

Diabetes
Krankheitsbild, Therapie, Kontrollen,
Schwangerschaft, Sport, Urlaub, Alltagsprobleme, Neueste Erkenntnisse der
Diabetesforschung.
(0895) Von Dr. med. H. J. Krönke. 116 S.,
4 Farbtafeln, 14 s/w-Fotos, 13 s/w-Zeichnungen, kart. ●

Krampfadern
Ursachen, Vorbeugung, Selbstbehandlung,
Therapieverfahren. (0727) Von Dr. med. K.
Steffens, 96 S., 38 Abb., kart. ●

Gallenleiden
Krankheitsbilder, Behandlung, Therapieverfahren, Selbstbehandlung, Richtige
Lebensführung und Ernährung. (0673) Von
Dr. med. K. Steffens, 104 S., 34 Zeichnungen,
kart. ●

Asthma
Pseudokrupp, Bronchitis und Lungenemphysem. (0778) Von Prof. Dr. med. W. Schmidt,
120 S., 56 Zeichnungen, kart. ●

Fastenkuren
Wege zur gesunden Lebensführung.
Rezepte und Tips für die Nachfastenzeit.
Kurzfasten · Saftfastenkuren · Fastenschalttage · Heilfasten
(4248) Von Ha. A. Mehler, H. Keppler, 144 S.,
16 s/w-Fotos, 9 Zeichnungen, Pappband.
●●●

Aus dem Schatz der Naturmedizin
Heilkräuterkuren
(4268) Von Dr. med. E. Rauch, Dr. rer. nat.
P. Kruletz, 144 S., 49 Zeichnungen. kart. ●●

Vitamine und Ballaststoffe
So ermittle ich meinen täglichen Bedarf
(0746) Von Prof. Dr. M. Wagner, I. Bongartz,
96 S., 6 Farbabb., zahlreiche Tabellen, kart. ●

Darmleiden
Krankheitsbilder, Behandlung, Selbstbehandlung, Richtige Lebensführung und Ernährung.
(0798) Von Dr. med. K. Steffens, 112 S.,
46 Zeichnungen, kart. ●

Massage
(0750) Von B. Rumpler, K. Schutt, 112 S., 116
zweifarbige Zeichnungen, kart. ●

Ratgeber Aids
Entstehung, Ansteckung, Krankheitsbilder,
Heilungschancen, Schutzmaßnahmen.
(0803) Von B. Baartman, Vorwort von Dr.
med. H. Jäger, 112 S., 8 Farbtafeln,
4 Grafiken, kart. ●●

Wenn Kinder krank werden
Medizinischer Ratgeber für Eltern.
(4240) Von Dr. med. I. J. Chasnoff, B. Nees-Delaval, 232 S., 163 Zeichnungen, Pappband.
●●●

Die hier vorgestellten Bücher, Videokassetten und Software sind in folgende Preisgruppen unterteilt:

● Preisgruppe bis DM 10,–/S 79,–
●● Preisgruppe über DM 10,– bis DM 20,– S 80,– bis S 160,–
●●● Preisgruppe über DM 20,– bis DM 30,– S 161,– bis S 240,–
●●●● Preisgruppe über DM 30,– bis DM 50,– S 241,– bis S 400,–
●●●●● Preisgruppe über DM 50,–/S 401,–
*(unverbindliche Preisempfehlung)

Ratgeber Lebenshilfe

Umgangsformen heute
Die Empfehlungen des Fachausschusses für Umgangsformen. (4015) 282 S., 160 s/w-Fotos, 25 Zeichnungen, Pappband. ●●●

Der gute Ton
Ein moderner Knigge. (0063) Von I. Wolter, 168 S., 38 Zeichnungen, 53 s/w-Fotos, kart. ●

Haushaltstips von A bis Z
(0759) Von A. Eder, 80 S., 30 Zeichnungen, kart. ●

Wir heiraten
Ratgeber zur Vorbereitung und Festgestaltung der Verlobung und Hochzeit. (4188) Von C. Poensgen, 216 S., 8 s/w-Fotos, 30 s/w-Zeichnungen, 8 Farbtafeln, Pappband. ●●

Der schön gedeckte Tisch
Vom einfachen Gedeck bis zur Festtafel stimmungsvoll und perfekt arrangiert (4246) Von H. Tapper, 112 S., 206 Farbabbildungen, 21 s/w-Abbildungen, Pappband. ●●●

Familienforschung · Ahnentafel · Wappenkunde
Wege zur eigenen Familienchronik. (0744) Von P. Bahn, 128 S., 8 Farbtafeln, 30 Abbildungen, kart. ●●

Die Kunst der freien Rede
Ein Intensivkurs mit vielen Übungen, Beispielen und Lösungen. (4189) Von G. Hirsch, 232 S., 11 Zeichnungen, Pappband. ●●●

Reden zur Taufe, Kommunion und Konfirmation
(0751) Von G. Georg, 96 S., kart. ●

Der richtige Brief zu jedem Anlaß
Das moderne Handbuch mit 400 Musterbriefen. (4179) Von H. Kirst, 376 S., Pappband. ●●●

Von der Verlobung zur Goldenen Hochzeit
(0393) Von E. Ruge, 120 S., kart. ●

Reden zur Hochzeit
Musteransprachen für Hochzeitstage. (0654) Von G. Georg, 112 S., kart. ●

Glückwünsche, Toasts und Festreden zur Hochzeit.
(0264) Von I. Wolter, 128 S., 18 Zeichnungen, kart. ●

Hochzeits- und Bierzeitungen
Muster, Tips und Anregungen. (0288) Von H.-J. Winkler, mit vielen Text- und Gestaltungsanregungen, 116 S., 15 Abb., 1 Musterzeitung, kart. ●

Kindergedichte zur Grünen, Silbernen und Goldenen Hochzeit
(0318) Von H.-J. Winkler, 104 S., 20 Abb., kart. ●

Kindergedichte für Familienfeste
(0860) Von B. H. Bull, 96 S., 20 Zeichnungen, kart. ●

Die Silberhochzeit
Vorbereitung · Einladung · Geschenkvorschläge · Dekoration · Festablauf · Menüs · Reden · Glückwünsche. (0542) Von K. F. Merkle, 120 S., kart. ●

Großes Buch der Glückwünsche
(0255) Hrsg. von O. Fuhrmann, 176 S., 77 Zeichnungen und viele Gestaltungsvorschläge, kart. ●

Neue Glückwunschfibel
für Groß und Klein. (0156) Von R. Christian-Hildebrandt, 96 S., kart. ●

Glückwunschverse für Kinder
(0277) Von B. Ulrici, 80 S., kart. ●

Die Redekunst
Rhetorik · Rednererfolg (0076) Von K. Wolter, überarbeitet von Dr. W. Tappe, 80 S., kart. ●

Reden und Ansprachen
für jeden Anlaß. (4009) Hrsg. von F. Sicker, 454 S., gebunden. ●●●●

Reden zum Jubiläum
Musteransprachen für viele Gelegenheiten (0595) Von G. Georg, 112 S., kart. ●

Reden zum Ruhestand
Musteransprachen zum Abschluß des Berufslebens (0790) Von G. Georg, 104 S., kart. ●

Reden und Sprüche zu Grundsteinlegung, Richtfest und Einzug
(0598) Von A. Bruder, G. Georg, 96 S., kart. ●

Reden zu Familienfesten
Musteransprachen für viele Gelegenheiten. (0675) Von G. Georg, 108 S., kart. ●

Reden zum Geburtstag
Musteransprachen für familiäre und offizielle Anlässe. (0773) Von G. Georg, 104 S., kart. ●

Festreden und Vereinsreden
Ansprachen für festliche Gelegenheiten. (0069) Von K. Lehnhoff, E. Ruge, 88 S., kart. ●

Reden im Verein
Musteransprachen für viele Gelegenheiten. (0703) Von G. Georg, 112 S., kart. ●

Trinksprüche
Fest- und Damenreden in Reimen. (0791) Von L. Metzner, 88 S., 14 s/w-Zeichnungen, kart. ●

Trinksprüche, Richtsprüche, Gästebuchverse
(0224) Von D. Kellermann, 80 S., kart. ●

Ins Gästebuch geschrieben
(0576) Von K. H. Trabeck, 96 S., 24 Zeichnungen, kart. ●

Poesiealbumverse
Heiteres und Besinnliches. (0578) Von A. Göttling, 112 S., 20 Zeichnungen, Pappband. ●●

Verse fürs Poesiealbum
(0241) Von I. Wolter, 96 S., 20 Abb., kart. ●

Beliebte Verse fürs Poesiealbum
(0431) Von W. Pröve, 96 S., 11 Faksimile-Abb., kart. ●

Der Verseschmied
Kleiner Leitfaden für Hobbydichter. Mit Reimlexikon. (0597) Von T. Parisius, 96 S., 28 Zeichnungen, kart. ●

Moderne Korrespondenz
Handbuch für erfolgreiche Briefe. (4014) Von H. Kirst und W. Manekeller, 544 S., Pappband. ●●●●

Der neue Briefsteller
Musterbriefe für alle Gelegenheiten. (0060) Von I. Wolter-Rosendorf, 112 S., kart. ●

Geschäftliche Briefe
des Privatmanns, Handwerkers, Kaufmanns. (0041) Von A. Römer, 120 S., kart. ●

Behördenkorrespondenz
Musterbriefe – Anträge – Einsprüche. (0412) Von E. Ruge, 120 S., kart. ●

Musterbriefe
für alle Gelegenheiten. (0231) Hrsg. von O. Fuhrmann, 240 S., kart. ●

Privatbriefe
Muster für alle Gelegenheiten. (0114) Von I. Wolter-Rosendorf, 132 S., kart. ●

Briefe zu Geburt und Taufe
Glückwünsche und Danksagungen. (0802) Von H. Beitz, 96 S., 12 Zeichnungen, kart. ●

Briefe zum Geburtstag
Glückwünsche und Danksagungen (0822) Von H. Beitz, 104 S., 22 Zeichnungen, kart. ●

Briefe zur Hochzeit
Glückwünsche und Danksagungen (0852) Von R. Röngen, 96 S., 1 Zeichnung, 39 Vignetten, kart. ●

Briefe der Liebe
Anregungen für gefühlvolle und zärtliche Worte. (0903) Von H. Beitz, 96 S., 4 Zeichnungen, kart. ●

Erfolgstips für den Schriftverkehr
Briefwechsel leicht gemacht durch einfachen Stil und klaren Ausdruck (0678) Von U. Schoenwald, 120 S., kart. ●

Worte und Briefe der Anteilnahme
(0464) Von E. Ruge, 128 S., mit vielen Abb., kart. ●

Reden in Trauerfällen
Musteransprachen für Beerdigungen und Trauerfeiern (0736) Von G. Georg, 104 S., kart. ●

Lebenslauf und Bewerbung
Beispiele für Inhalt, Form und Aufbau. (0428) Von H. Friedrich, 112 S., kart. ●

Erfolgreiche Bewerbungsbriefe und Bewerbungsformen.
(0138) Von W. Manekeller, 88 S., kart. ●

Die erfolgreiche Bewerbung
Bewerbung und Vorstellung. (0173) Von W. Manekeller, 156 S., kart. ●

Die Bewerbung
Der moderne Ratgeber für Bewerbungsbriefe, Lebenslauf und Vorstellungsgespräche. (4138) Von W. Manekeller, 264 S., Pappband. ●●

Vorstellungsgespräche
sicher und erfolgreich führen. (0636) Von H. Friedrich, 144 S., kart. ●

Keine Angst vor Einstellungstests
Ein Ratgeber für Bewerber. (0793) Von Ch. Titze, 120 S., 67 Zeichnungen, kart. ●

99 Alternativen für Umsteiger
Mehr Freude am Leben mit dem richtigen Beruf. (4251) Von D. Maxeiner, P. Birkenmeier, 192 S., 143 Fotos, 46 Zeichnungen, kart. ●●●

So werde ich erfolgreich
Ratschläge und Tips für Beruf und Privatleben. (0918) Von H. Hans, 104 S., kart. ●●

Die ersten Tage am neuen Arbeitsplatz
Ratschläge für den richtigen Umgang mit Kollegen und Vorgesetzten (0855) Von H. Friedrich, 104 S., kart. ●

Zeugnisse im Beruf
richtig schreiben, richtig verstehen. (0544) Von H. Friedrich, 112 S., kart. ●

In Anerkennung Ihrer . . . .
Lob und Würdigung in Briefen und Reden.
(0535) Von H. Friedrich, 136 S., kart. ●

Erfolgreiche Kaufmannspraxis
Wirtschaftliche Grundlagen, Geld, Kreditwesen, Steuern, Betriebsführung, Recht, EDV. (4046) Von W. Göhler, H. Gölz, M. Heibel, Dr. D. Machenhelmer, 544 S., gebunden. ●●●●

Die hier vorgestellten Bücher, Videokassetten und Software sind in folgende Preisgruppen unterteilt:

●   Preisgruppe bis   DM 10,–/S 79,–
●●   Preisgruppe über DM 10,– bis DM 20,–   S 80,– bis S 160,–
●●● Preisgruppe über DM 20,– bis DM 30,–   S 161,– bis S 240,–
●●●● Preisgruppe über DM 30,– bis DM 50,–   S 241,– bis S 400,–
●●●●● Preisgruppe über DM 50,–/S 401,–
*(unverbindliche Preisempfehlung)

Verzeichnisses (s. Seite 1) – Änderungen, im besonderen die Preise, vorbehalten –

Wege zum Börsenerfolg
Aktien · Anleihen · Optionen
(4275) Von H. Krause, 252 S., 4 s/w-Fotos,
86 Zeichnungen, Pappband. ●●●

Mietrecht
Leitfaden für Mieter und Vermieter. (0479)
Von J. Beuthner, 196 S., kart. ●●

Familienrecht
Ehe – Scheidung – Unterhalt. (4190) Von T.
Drewes, R. Hollender, 368 S., Pappband.
●●●

Erziehungsgeld, Mutterschutz, Erziehungsurlaub
Alles über das neue Recht für Eltern. Mit den Gesetzestexten. (0835) Von J. Grönert, 144 S., kart. ●●

Scheidung und Unterhalt
nach dem neuen Eherecht. Mit dem Unterhaltsänderungsgesetz 1986.
(0403) Von Rechtsanwalt H. T. Drewes, 112 S., mit Kosten- und Unterhaltstabellen, kart. ●

Präzise Ratschläge für
Ihre optimale Rente
Vorbereitung · Berechnungsgrundlagen · Gesetzesänderungen · Individuelle Rechenbeispiele. (0806) Von K. Möcks, 96 S., 24 Formulare, 1 Graphik, kart. ●

Testament und Erbschaft
Erbfolge, Rechte und Pflichten der Erben, Erbschafts- und Schenkungssteuer, Mustertestamente. (4139) Von T. Drewes, R. Hollender, 304 S., Pappband. ●●●

Erbrecht und Testament
Mit Erläuterungen des Erbschaftssteuergesetzes von 1974. (0046) Von Dr. jur. H. Wandrey, 124 S., kart. ●

Endlich 18 und nun?
Rechte und Pflichten mit der Volljährigkeit.
(0646) Von R. Rathgeber, 224 S., 27 Zeichnungen, kart. ●●

Was heißt hier minderjährig?
(0765) Von L. Rathgeber, C. Rummel, 148 S., 50 Fotos, 25 Zeichnungen, kart. ●●

Erfolgreiche Bewerbung um einen Ausbildungsplatz
(0715) Von H. Friedrich, 136 S., kart. ●

Elternsache Grundschule
(0692) Hrsg. von K. Meynersen, 324 S., kart. ●●●

Sexualberatung
(0402) Von Dr. M. Röhl, 168 S., 8 Farbtafeln, 17 Zeichnungen, Pappband. ●●

Die Kunst des Stillens
nach neuesten Erkenntnissen
(0701) Von Prof. med. E. Schmidt/ S. Brunn, 112 S., 20 Fotos und Zeichnungen, kart. ●

Wenn Sie ein Kind bekommen
(4003) Von U. Klamroth, Dr. med. H. Oster, 240 S., 86 s/w-Fotos, 30 Zeichnungen, kart. ●●●

Der moderne Ratgeber
Wir werden Eltern
Schwangerschaft · Geburt · Erziehung des Kleinkindes. (4269) Von B. Nees-Delaval, 376 S., 335 zweifarbige Abbildungen, Pappband. ●●●●

Vorbereitung auf die Geburt
Schwangerschaftsgymnastik, Atmung, Rückbildungsgymnastik. (0251) Von S. Buchholz, 112 S., 98 s/w-Fotos, kart. ●

Wie soll es heißen?
(0211) Von D. Köhr, 136 S., kart. ●

Das Babybuch
Pflege · Ernährung · Entwicklung. (0531) Von A. Burkert, 128 S., 16 Farbtafeln, 38 s/w-Fotos, 30 Zeichnungen, kart. ●●

Wenn der Mensch zum Vater wird
Ein heiter-besinnlicher Ratgeber. (4259) Von D. Zimmer, 160 S., 20 Zeichnungen, Pappband. ●●

Die neue Lebenshilfe Biorhythmik
Höhen und Tiefen der persönlichen Lebenskurven vorausberechnen und danach handeln.
(0458) Von W. A. Appel, 157 S., 63 Zeichnungen, Pappband. ●●

Neue Erkenntnisse zum Biorhythmus
Individuelle Rhythmogramme für Berufserfolg und Gesundheit, Partnerschaft und Freizeit. Beilage: Tagesplaner.
(4276) Von H. Bott, 144 S., 35 s/w-Zeichnungen, kart. ●●

Vom Urkrümel zum Atompilz
Evolution – Ursache und Ausweg aus der Krise. (4181) Von J. Voigt, 188 S., 20 Farb- und 70 s/w-Fotos, 32 Zeichnungen, kart. ●●

Neues Denken – alte Geister
New Age unter der Lupe.
(4278) Von G. Myrell, Dr. W. Schmandt, J. Voigt, 176 S., 54 Farbfotos, 3 Zeichnungen, kart. ●

Dinosaurier
und andere Tiere der Urzeit. (4219) Von G. Alschner, 96 S., 81 Farbzeichnungen, 4 Fotos, Pappband. ●●●

Der Sklave Calvisius
Alltag in einer römischen Provinz 150 n. Chr.
(4058) Von A. Ammermann, T. Röhrig, G. Schmidt, 120 S., 99 Farbabb., 47 s/w-Abb., Pappband. ●●

ZDF · ORF · DRS
Kompaß Jugend-Lexikon
(4096) Von R. Kerler, J. Blum, 336 S., 766 Farbfotos, 39 s/w-Abb., Pappband. ●●●●

Psycho-Tests
– Erkennen Sich sich selbst. (0710) Von B. M. Nash, R. B. Monchick, 304 S., 81 Zeichnungen, kart. ●●

FALKEN-SOFTWARE
Ego-Tests
Sich und andere besser erkennen und verstehen. (7012) Diskette für IBM PC kompatible (MS DOS) mit Begleitheft. ●●●●●*

Falken-Handbuch **Astrologie**
Charakterkunde · Schicksal · Liebe und Beruf · Berechnung und Deutung von Horoskopen · Aszendententabelle. (4068) Von B. A. Mertz, 342 S., mit 60 erläuternden Grafiken, Pappband. ●●●

Die Magie der Zahlen
So nutzen Sie die Geheimnisse der Numerologie für Ihr persönliches Glück mit dem völlig neuen Planetennumerologie.
(4242) Von B. A. Mertz, 224 S., 36 Abbildungen, Pappband. ●●●

Selbst Wahrsagen mit Karten
Die Zukunft in Liebe, Beruf und Finanzen.
(0404) Von R. Koch, 112 S., 252 Abb., Pappband. ●●

Weissagen, Hellsehen, Kartenlegen ...
Wie jeder die geheimen Kräfte ergründen und für sich nutzen kann. (4153) Von G. Haddenbach, 192 S., 40 Zeichnungen, Pappband. ●●

Frauenträume, Männerträume
und ihre Bedeutung. (4198) Von G. Senger, 272 S., mit Traumlexikon, Pappband. ●●

Wie Sie im Schlaf das Leben meistern · Schöpferisch träumen
Der Klartraum als Lebenshilfe.
(4258) Von Prof. Dr. P. Tholey, K. Utecht, 256 S., 1 s/w-Foto, 20 Zeichnungen, Pappband. ●●●

Wahrsagen mit Tarot-Karten
(0482) Von E. J. Nigg, 112 S., 4 Farbtafeln, 52 s/w-Abb., Pappband. ●●

Aztekenhoroskop
Deutung von Liebe und Schicksal nach dem Aztekenkalender. (0543) Von C.-M. und R. Kerler, 160 S., 20 Zeichnungen, Pappband. ●

Was sagt uns das Horoskop?
Praktische Einführung in die Astrologie.
(0655) Von B. A. Mertz, 176 S., 25 Zeichnungen, kart. ●●

Das Super-Horoskop
Der neue Weg zur Deutung von Charakter, Liebe und Schicksal nach chinesischer und abendländischer Astrologie. (0465) Von G. Haddenbach, 175 S., kart. ●

Liebeshoroskop für die 12 Sternzeichen
Alles über Chancen, Beziehungen, Erotik, Zärtlichkeit, Leidenschaft. (0587) Von G. Haddenbach, 144 S., 11 Zeichnungen, kart. ●●

Die 12 Sternzeichen
Charakter, Liebe und Schicksal. (0385) Von G. Haddenbach, 160 S., Pappband. ●●

Die 12 Tierzeichen im chinesischen Horoskop
(0423) Von G. Haddenbach, 128 S., Pappband. ●

Sternstunden
für Liebe, Glück und Geld, Berufserfolg und Gesundheit. Das ganz persönliche Mitbringsel für Widder (0621), Stier (0622), Zwillinge (0623), Krebs (0624), Löwe (0625), Jungfrau (0626), Waage (0627), Skorpion (0628), Schütze (0629), Steinbock (0630), Wassermann (0631), Fische (0632) Von L. Cancer, 62 S., durchgehend farbig, Zeichnungen, Pappband. ●

So deutet man Träume
Die Bildersprache des Unbewußten. (0444) Von G. Haddenbach, 160 S., Pappband. ●

Die Familie im Horoskop
Glück und Harmonie gemeinsam erleben – Probleme und Gegensätze verstehen und tolerieren. (4161) Von B. A. Mertz, 296 S., 40 Zeichnungen, Pappband. ●●●

Erkennen Sie Psyche und Charakter durch Handdeutung
(4176) Von B. A. Mertz, 252 S., 9 s/w-Fotos, 160 Zeichnungen, Pappband. ●●●●

Falken-Handbuch **Kartenlegen**
Wahrsagen mit Tarot-, Skat-, Lenormand- und Zigeunerblättern.
(4226) Von B. A. Mertz, 288 S., 38 Farb- und 108 s/w-Abb., Pappband. ●●●●

I Ging der Liebe
Das altchinesische Orakel für Partnerschaft und Ehe. (4244) Von G. Damian-Knight, 320 S., 64 s/w-Zeichnungen, Pappband. ●●

Bauernregeln, Bauernweisheiten, Bauernsprüche
(4243) Von G. Haddenbach, 192 S., 62 Farbabb. 9 s/w-Fotos, 144 s/w-Zeichnungen, Pappband. ●●●

Die hier vorgestellten Bücher, Videokassetten und Software sind in folgende Preisgruppen unterteilt:

● Preisgruppe bis DM 10,–/S 79,–
●● Preisgruppe über DM 10,– bis DM 20,– S 80,– bis S 160,–
●●● Preisgruppe über DM 20,– bis DM 30,– S 161,– bis S 240,–
●●●● Preisgruppe über DM 30,– bis DM 50,– S 241,– bis S 400,–
●●●●● Preisgruppe über DM 50,–/S 401,–
*(unverbindliche Preisempfehlung)

Die Preise entsprechen dem Status beim Druck dieses

Neue Medien

Programm und Publikum
Der ständige Versuch einer Annäherung. Beiträge und Reden über das öffentlich-rechtliche Fernsehen. (0874) Von A. Schardt. 167 S., kart. ●

Computer Grundwissen
Eine Einführung in Funktion und Einsatzmöglichkeiten. (4302) Von W. Bauer, 176 Seiten, 193 Farb- und 12 s/w-Fotos, 37 Computergrafiken. ●●●●

Einführung in die Programmiersprache BASIC (4303) Von S. Curran und R. Curnow. 192 S., 92 Zeichnungen, kart. ●●

Intelligent in BASIC
für Schneider CPC 464/664/6128. Mit Diskette 3". (4320) Von K.-H. Koch, 160 S., 14 Zeichnungen, kart. ●●●●

Lernen mit dem Computer (4304) Von S. Curran und R. Curnow, 144 S., 34 Zeichnungen, Spiralbindung. ●●

Computerspiele, Grafik und Musik (4305) Von S. Curran und R. Curnow, 147 S., 46 Zeichnungen, Spiralbindung. ●●

dbase III
Einführung für Einsteiger und Nachschlagewerk für Profis. (4310) Von J. Brehm, G. A. Karl, 211 S., 23 Abb., kart. ●●●●●

Das Medienpaket
Buch und Programmdiskette "dBase III" zusammen. (4312) ●●●●●

Garantiert BASIC lernen mit dem C 128
Mit kompletter Kurs-Diskette. (4321) Von A. Görgens, 288 S., 4 s/w-Fotos, 83 Zeichnungen, kart. ●●●●

Grundwissen Informationsverarbeitung (4314) Von A. Görgens, 312 S., 59 s/w-Fotos, 133 s/w-Zeichnungen, Pappband. ●●●●●

Heimcomputer-Baukiste
Messen, Steuern, Regeln mit C 64-, Apple II-, MSX-, TANDY-, MC-, Atari- und Sinclair-Computern. (4309) Von A. Karl, 255 S., 160 Zeichnungen, kart. ●●●●

WORDSTAR 2000
Textverarbeitung für Einsteiger und Profis. Mit erprobten Anwendungen aus der Praxis. (4317) Von D. Nasser, 200 S., 9 s/w-Fotos, 3 Zeichnungen, kart. ●●●●

Drucker und Plotter
Text und Grafik für Ihren Computer. (4315) Von K.-H. Koch, 192 S., 12 Farbtafeln, 5 s/w-Fotos, kart. ●●●●

Computergrafik
Von den Grundlagen bis zum perfekten 3 D-Programm. (4319) Von A. Brück, 296 S., 20 Farbtafeln, 780 s/w-Grafiken, 50 s/w- Zeichnungen, 83 Listings, Pappband. ●●●●●

Textverarbeitung mit Home- und Personal-Computern
Systeme – Vergleiche – Anwendungen. (4316) Von A. Görgens, 128 S., 49 s/w-Fotos, kart. ●●●●

Die tägliche PC-Praxis
Anwendungshilfen, Programme und Erweiterungen für MS-DOS-Computer. (4322) Von A. Görgens, 224 S., 25 Abbildungen, kart. ●●●●

Lernhilfen

Desktop Publishing
Setzen und Drucken auf dem Schreibtisch. (4323) Von A. Görgens, 120 S., 11 s/w-Fotos, 72 Zeichnungen, kart. ●●●

Maschinenschreiben
In 10 Tagen spielend gelernt. Von Unterrichtsmedien Hoppius. (7008) Diskette für den C 64 und 128 PC ●●●●*
(Best.-Nr. Arlolasoft: 7Ε631)
für IBM + kompatible. ●●●●●*
(Best.-Nr. Arlolasoft: 7Ε631)
für Schneider CPC 464, 664, 6128. ●●●●●*
(Best.-Nr. Arlolasoft: 7Α631)

Maschinenschreiben für Kinder (0274) Von H. Kaus, 48 S., farbige Abb., kart.

Maschinenschreiben durch Selbstunterricht
Lehrbuch für Selbstunterricht und Kurse. (0568) Von J. W. Wagner, 112 S., 31 s/w-Fotos, 36 Zeichnungen, kart. ●

Stenografie leicht gelernt
im Kursus oder Selbstunterricht. (0266) Von H. Kaus, 64 S., kart. ●

Buchführung
leicht gefaßt. Ein Leitfaden für Handwerker und Gewerbetreibende. (0127) Von R. Pohl. 104 S., kart. ●

Buchführung leicht gemacht
Ein methodischer Grundkurs für den Selbstunterricht. Übungen und Begriffserklärungen für die Klassen 5–10. (0430) Von R. Müller. 176 S., 96 Zeichnungen, kart. ●

Mathematik verständlich
Zahlenbereiche, Mengenlehre, Algebra, Geometrie, Wahrscheinlichkeitsrechnung, Kaufmännisches Rechnen. (4135) Von R. Müller, 652 S., 10 s/w- und 109 Farbfotos, 802 farbige und 79 s/w-Zeichnungen, über 2500 Beispiele und Übungen mit Lösungen. Pappband. ●●●●●

Schülerlexikon der Mathematik (4238) Von D. Machenheimer, R. Kersten, 252 S., Pappband. ●●●

Mathematische Formeln für Schule und Beruf
Mit Beispielen und Erklärungen. (0499) Von R. Müller, 156 S., 210 Zeichnungen, kart. ●

Rechnen aufgefrischt
für Schule und Beruf. (0100) Von H. Rausch, 144 S., kart. ●

Mehr Erfolg in der Schule
Der Deutschaufsatz
Übungen und Beispiele für die Klassen 5–10. (4271) Von K. Schreiner, 240 S., 4 s/w-Fotos, 51 Zeichnungen, Pappband. ●●●

Mehr Erfolg in Schule und Beruf
Besseres Deutsch
Mit Übungen und Beispielen für Rechtschreibung, Diktate, Zeichensetzung, Aufsätze, Briefe, Fremdwörter, Reden. (4115) Von K. Schreiner, 444 S., 7 s/w-Fotos, 27 Zeichnungen, Pappband. ●

Richtiges Deutsch
Rechtschreibung · Zeichensetzung · Grammatik · Stilkunde. (0551) Von K. Schreiner, 128 S., 7 Zeichnungen, kart. ●

Diktate besser schreiben
Übungen zur Rechtschreibung für die Klassen 4–8. (0469) Von K. Schreiner, 152 S., 31 Zeichnungen, kart. ●

Aufsätze besser schreiben
Förderkurs für die Klassen 4–10. (0429) Von K. Schreiner, 144 S., 4 s/w-Fotos, 27 Zeichnungen, kart. ●

Deutsche Grammatik
Ein Lern- und Übungsbuch. (0704) Von K. Schreiner, 112 S., kart. ●

Besseres Englisch
Grammatik und Übungen für die Klassen 5 bis 10. (0745) Von E. Henrichs, 144 S. ●●

The Grammar Master
Englische Grammatik üben und beherrschen. (7002) Von Data Beutner. Diskette für den C 64, C 128 (im 64er Modus) ●●●●*

Richtige Zeichensetzung
durch neue, vereinfachte Regeln. Erläuterungen der Zweifelsfragen anhand vieler Beispiele. (0774) Von Prof. Dr. Ch. Stetter, 160 S., kart. ●

Richtige Groß- und Kleinschreibung
durch neue, vereinfachte Regeln. Erläuterungen der Zweifelsfragen anhand vieler Beispiele. (0897) Von Prof. Dr. Ch. Stetter, 96 S., kart. ●

Deutsch – Ihre neue Sprache.
Grundbuch (0327) Von H.-J. Demetz J. M. Puente, 204 S., mit über 200 Abb. Fotos, Arlolasoft CPC 464, 664, 6128. (7010) für Schneider CPC 464, 664, 6128. ●●●●●*
(Best.-Nr. Arlolasoft: 7A631)

Die hier vorgestellten Bücher, Videokassetten und Software sind in folgende Preisgruppen unterteilt:

● Preisgruppe bis DM 10,–/S 79,–
●● Preisgruppe über DM 10,– bis DM 20,– / S 80,– bis S 160,–
●●● Preisgruppe über DM 20,– bis DM 30,– / S 161,– bis S 240,–
●●●● Preisgruppe über DM 30,– bis DM 50,– / S 241,– bis S 400,–
●●●●● Preisgruppe über DM 50,–/S 401,–
*(unverbindliche Preisempfehlung)

FALKEN VERLAG

– Änderungen, im besonderen der Preise, vorbehalten –
Verzeichnisses (s. Seite 1)

Bestellschein

Erfüllungsort und Gerichtsstand für Vollkaufleute ist der jeweilige Sitz der Lieferfirma. Für alle übrigen Kunden gilt dieser Gerichtsstand für das Mahnverfahren. Falls durch besondere Umstände Preisänderungen notwendig werden, erfolgt Auftragserledigung zu dem bei der Lieferung gültigen Preis.
Ich bestelle hiermit aus dem Falken-Verlag GmbH, Postfach 11 20, D-6272 Niedernhausen/Ts., durch die Buchhandlung:

Ex. _____
Ex. _____
Ex. _____
Ex. _____

Name: _____
Straße: _____
Ort: _____
Datum: _____ Unterschrift: _____

FALKEN VERLAG

Für die Schweiz: sFr.-Preise gemäß Preisauszeichnung in der Buchhandlung

BIBLIOTHECA ÆSTHETICA

Carmina Burana

Ein bibliophiles Dokument von einzigartiger kulturgeschichtlicher Bedeutung.

(492) Von Ingrid Schade. 128 Seiten, Faksimile-Druck, Leinen-Einband mit Prägung, im Schuber, mit 24seitiger Beilage, numerierte und handsignierte Auflage von 999 Exemplaren.
DM 498.– S 3980.–